Wir leben, um zu lieben

Herder-Sonderband

D1869094

Wir leben, um zu lieben

Die Grundbotschaft des Christlichen

Herder-Sonderband

Herausgegeben
von Ludger Hohn-Kemler

Herder
Freiburg · Basel · Wien

Umschlaggestaltung: Norbert Bleyer, Freiburg i. Br.
Umschlagmotiv aus: Manessische Liederhandschrift (um 1300), heute aufbewahrt in der Heidelberger Universitätsbibliothek als „Codex Palatinus Germanikus 848" mit 426 Pergamentblättern.
Bild aus: Sämtliche Miniaturen der Manesse-Liederhandschrift, hrsg. von Ingo F. Walther.
© 1981 by Verlag Dr. Rudolf Georgi-Woldemar Klein, Aachen.

Alle Rechte vorbehalten – Printed in Germany
© Verlag Herder Freiburg im Breisgau 1996
Herstellung: Freiburger Graphische Betriebe 1996
ISBN 3-451-23799-7

Inhalt

5

Mehr als viele gute Worte –
Symbole und Spuren unvergänglichen Lebens

Zum Geleit
Die Liebe trägt das Böse nicht nach

Anthony de Mello

Eine Frau dachte, sie habe Gottesvisionen und ging zum Bischof, um sich Rat zu holen. Der Bischof legte ihr nahe: „Sie mögen an Visionen glauben. Verstehen Sie jedoch, daß ich als Bischof der Diözese darüber entscheiden kann, ob ihre Visionen echt oder falsch sind."

„Durchaus, Exellenz."

„Es obliegt meinem Verantwortungsbereich, es ist meine Pflicht."

„Sie werden also tun, was ich von Ihnen verlange."

„Das werde ich, Exzellenz."

„Also hören Sie gut zu: wenn Ihnen Gott das nächste Mal erscheint, so wie er Ihnen normalerweise erscheint, werden Sie einen Test machen, durch den ich erfahren werde, ob es wirklich Gott ist."

„Einverstanden, Exzellenz. Aber wie geht der Test?"

„Sagen Sie Gott: ‚Bitte enthülle mir die persönlichen, die privaten Sünden des Bischofs.' Wenn es wirklich Gott ist, der Ihnen da erscheint, wird er Ihnen meine Sünden sagen. Danach kommen Sie wieder und erzählen mir alles – aber: sonst niemandem! In Ordnung?"

„Das werde ich tun, Exzellenz."

Einen Monat später bat die Frau erneut um einen Termin beim Bischof, der sie fragte: „Und, ist Gott Ihnen noch einmal erschienen?"

„Ich glaube schon, Exzellenz."

„Und Sie stellten ihm die Frage, wie ich es verlangt habe?"

„Sicher, Exzellenz."

„Was hat Gott gesagt?"

„Gott sagte mir: ‚Sag dem Bischof, daß ich alle seine Sünden vergessen habe!' "

Wie finden Sie das? Es gibt kein Buch, in dem die Sünden vermerkt werden. Und wissen Sie, Gott führt kein Sündenregister, keine Liste. Er sieht uns in diesem gegenwärtigen Augenblick und schenkt uns seine bedingungslose Liebe.

1

Liebe und tu, was du willst

*

Steckbrief des Christlichen

Liebe und tu, was du willst

Phil Bosmans

Das Christentum ist seelisch gesund.
Es entfaltet den Menschen.
Es macht ihn frei von Ängsten
und unsinnigen Begierden.

Das Christentum ist ein Befreiungsprozeß, der sich in erster Linie im Menschen selbst vollzieht. Ein Christ ist ein freier Mensch. Ein Mensch, der sich von tausend irdischen Fesseln freigemacht hat, um auch für *Gott allein* zu entscheiden und in Gott für alle Menschen, vor allem für die Schwachen, Armen und Ausgestoßenen.

Das Christentum ist eine Therapie für Menschen dieser Zeit. Es ist eine gesundmachende, eine seligmachende Religion. Das Christentum ruft Menschen zur Umkehr, zu einem neuen Lebensstil. Es wirkt entmaterialisierend. Es macht den Menschen psychisch so gesund, daß er genießen kann. Das Genießenkönnen ist ein Zeichen echter geistiger Gesundheit, aber dieses Genießen verlangt Zucht, Verzicht, Nüchternheit. Man muß seinen Geschmack entwickeln. Der Mensch, der nüchtern geworden ist, lernt die echten Lebensfreuden verkosten. Wenn wir freiwillig Abstand halten, werden wir innerlich gereinigt. Wenn ich nichts mehr besitze, werde ich alles genießen können. Dann wird wahr, was Augustinus sagt: „Liebe und tu, was du willst."

Der Sinn des Christentums,
die einzige Existenzberechtigung
der Christen liegt darin,
von Generation zu Generation
Gottes Güte und Liebe,
Freigebigkeit und Vergebung weiterzugeben
an Menschen aller Rassen und Sprachen
und aller Richtungen.

Das Christentum
muß die Liebe Gottes
auf Erden sichtbar, spürbar
und greifbar machen.

Gott wirkt nicht
aufgrund des perfekten Managements
von religiösen Organisationen
und kirchlichen Apparaten.

Gott ist und kann nur dort
wirksam gegenwärtig sein,
wo Menschen
seiner Liebe Hände und Füße geben
und die Wärme
ihres eigenen Menschenherzens.

Alles hängt zusammen:
Glaube an Gott,
Glaube an den Menschen,
Glaube an das Leben.
Alles hängt zusammen
mit Lieben und Geliebtwerden.

Wer niemals geliebt wurde,
wer niemals Liebe erfahren hat,
für den ist es schwer,

an einen Gott zu glauben,
der Liebe ist.

Denn allein in Liebe
wird Gott fühlbar und erfahrbar.
Allein in Liebe
können Menschen
zum Glauben kommen.

Die große Aufgabe derer,
die sich Christen nennen:
Gott sichtbar machen
in dieser Zeit
für die Menschen von heute.

Das Zeichen des Christentums

Phil Bosmans

Das Zeichen des Christentums ist nicht eine prächtige Kirche oder Kathedrale mit goldenen Gewändern und silbernen Verzierungen, mit einer erhebenden Liturgie und schöner Musik.

Das Zeichen des Christentums ist die Machtlosigkeit, die Kleinheit, die Verletzbarkeit, ist noch immer das Kreuz, an dem ein Mensch Tag für Tag, Tropfen für Tropfen sein Leben still dahingibt.

Das Zeichen des Christentums ist überall, wo Menschen sich bewußt an die Seite von Armen und Schwachen stellen und uneigennützig Sorge tragen für Menschen in Not.

Das Zeichen des Christentums ist überall, wo Liebe sichtbar, spürbar und greifbar wird in einem menschlichen Leib, in einem menschlichen Herzen, im Bewegen von Händen und Füßen, im Hören und im Sprechen und im Licht der Augen.

Christen sind berufen,
die liebsten Menschen der Welt zu sein.

Das Zeichen des Christentums
erscheint in Mutter Teresa.

In Mutter Teresa ist Gott für die Parias sichtbar, spürbar geworden. In Mutter Teresa sehe ich eine Explosion von Gottes Liebe in einer Welt voller Lieblosigkeit, Unfriede und Haß. Sie ist eine lebende Anklage für die Blinden dieser Zeit, die nur Augen haben für das Geld, Augen für die Macht, aber die Not der kleinen Menschen nicht sehen.

Mutter Teresa, eine kleine arme Frau. Sie war klein genug, um Gott große Dinge tun zu lassen. Mutter Teresa, eine kleine arme Frau, ohne Überheblichkeit in Gottes Liebe verloren, eine kleine Schwester, die auch heilen kann, eben deswegen, weil sie klein und arm ist. Mutter Teresa, eine kleine Schwester, die mit jedem Sterbenden stirbt und Tausende zum Leben bringt. Eine Frau, in der Gott sichtbar, spürbar und greifbar wird für die Ärmsten der Armen und für die ganze Welt.

Das Zeichen des Christentums
erscheint in unzählig vielen stillen Menschen,
die sich überall in der Welt einsetzen
für Frieden und für das Wohlergehen
von zertretenen Mitmenschen.

Das einzige, was Sie tun können: Sperren beseitigen

Anthony de Mello

Das Reich Gottes ist Liebe. Was heißt lieben? Es heißt: empfindsam zu sein gegenüber dem Leben, den Dingen, den Menschen; ein Gespür zu haben für alles und jeden, ohne etwas oder jemanden auszuschließen. Denn Ausschluß ist nur möglich durch eigenes Verhärten, durch Verschließen seiner Türen. Und sobald eine Verhärtung eintritt, geht die Empfindsamkeit verloren.

Es ist gewiß nicht schwer, Beispiele für diese Art von Empfindsamkeit im eigenen Leben zu finden. Haben Sie schon einmal angehalten, um einen Stein oder einen Nagel vom Weg aufzuheben, damit sich niemand daran verletzt? Es spielt dabei keine Rolle, daß Sie denjenigen, dem dies zugute kommt, niemals kennen und Sie keine Anerkennung für Ihre Tat ernten werden. Sie tun es einfach aus einem Grundgefühl der Freundlichkeit heraus. Oder hat Sie schon einmal eine leichtfertige Zerstörung anderswo in der Welt betroffen gemacht, zum Beispiel die Rodung eines Waldes, den Sie nie sehen, und von dem Sie nie etwas haben werden? Haben Sie sich schon einmal die Mühe gemacht, einem Fremden den Weg zu zeigen, obwohl Sie ihn nicht kannten und ihm auch niemals wieder begegnen werden, einfach deshalb, weil es Sie drängte, zu helfen? Dabei und bei vielen anderen Gelegenheiten wurde Liebe in Ihrem Leben sichtbar. [...]

Wie können Sie sich solche Liebe aneignen? Gar nicht, denn Sie besitzen sie schon. Das einzige, was Sie tun können, ist: die Spuren, die Sie gegen Ihr Empfinden aufgerichtet haben, zu beseitigen.

Wunder der Vermehrung – Die lebensnotwendigen Gaben der Frauen

Theresia Hauser

Elija wurde nach Sarepta zu einer Witwe gesandt, die der Herr zuvor ermahnt hatte, den Propheten zu versorgen. Als er sie um Wasser und um einen Bissen Brot bat, sagte sie ihm, sie habe nur noch eine Handvoll Mehl im Topf und ein wenig Öl. Damit wolle sie für sich und für ihren Sohn etwas backen, es verzehren, sich dann hinlegen und sterben. Der Prophet sagte: „Geh, und tu, was du gesagt hast. Nur mache zuerst für mich ein kleines Gebäck und bring es zu mir heraus. Danach kannst du für dich und deinen Sohn etwas bereiten. Denn so spricht der Herr, der Gott Israels: „Der Mehltopf wird nicht leer werden und der Ölkrug nicht versiegen, bis zu dem Tag, an dem der Herr wieder Regen auf den Erdboden sendet" (vgl. 1 Kön 17,8–15). Die Frau tat, wie der Prophet ihr sagte.

Die Witwe, von der berichtet wird, gehörte zur armen Schicht im Volk Israel. Einmal entbehrte sie das Ansehen, das eine Frau durch ihren Mann im Volk genoß. Zum anderen besaß sie so wenig, wie die Geschichte erzählt. Doch litt sie, als der Prophet sie besuchte, noch an einer anderen, an einer inneren Armut. Sie befand sich im Zustand tiefer Resignation und Verzweiflung. Die Hungersnot, die im Lande herrschte, nahm ihr jeden Lebensmut. Noch einmal wollte sie eine Speise bereiten, noch einmal essen, den letzten Rest verbrauchen und dann sterben. Dennoch tat sie nun, was der Prophet ihr vorschlug. Sie teilte ihr Letztes, ihr Lebensnotwendiges mit diesem ihr fremden Mann. Und es geschah ihr, wie sie, wenn auch vielleicht mit tiefen Zweifeln, geglaubt hat: Unter ihren arbeitenden und austeilenden Händen vermehrte sich das Wenige. Sie erlebte das Wunder der Vermehrung unmittelbar in ihrem Tun. Nicht nur Mehl und Öl vermehrten sich, sondern Leben! Ihr eigenes, das ihres Sohnes, das des Propheten. Denn sie aßen alle drei von dem sich ständig vermehrenden Wenigen: Und sie wurden satt für viele Tage.

Die Frau gab ihr Letztes. Sie gab ihr Lebensnotwendiges, sie gab alles. Gerade heute, da ich dies schreibe, bekomme ich einen Bericht zugeschickt von einem Seminaristen aus Peru. Er schreibt: „Wir glauben, daß es für uns einfache Menschen sehr wichtig ist, daß wir alles, was wir sind und haben, hingeben." Ist das deshalb so, frage ich mich, weil Menschen im Alles-Geben, in dem das Rechnen aufgehört hat und die Ebene des Habens und Festhaltens durchstoßen ist, ihre menschliche Würde und Freiheit erfahren? Werden sie erst im Alles-Hingeben offen für das Wunder, das ihnen dann geschehen kann? Das Wunder ist: Sie kommen aus ihrer Resignation, ihrer Isolation heraus; sie erfahren Gemeinschaft, Zugehörigkeit: Hoffnung entsteht und Freude. Darin vermehrt sich ihr Leben. Es bricht etwas herein von der Qualität des Gottesreiches. Weist nicht Jesus selbst auf das Geheimnis der Vermehrung hin, auch im Gleichnis von den Talenten? Denn der Mann, der sein Talent, sein Weniges vergrub, es für sich behielt, aus Angst, er könnte es verlieren, dieser Mann wurde hinausgeworfen, dorthin, wo Heulen und Zähneknirschen ist (Mt 25,30). Also nichts vom Reiche Gottes.

Beide Male zeigte sich, daß auch das Wenige, selbst das Geringste nicht ausgenommen ist vom Gesetz des Lebens; daß es geteilt und weitergegeben werden muß, will man es nicht verlieren. Das hat wohl auch die Witwe von Sarepta so verstanden, als sie von ihrem Wenigen dem Propheten gab. Der Prophet aber steht hier für das, was über den üblichen Lebensrahmen der Frauen, Familie, Sippe hinausging. Gerade ihm sollte zuerst gegeben werden.

Wie nie zuvor in der Geschichte der Kirche, sind heute Frauen bereit zur Mitarbeit. Von den einfachsten Diensten angefangen bis zur Qualifikation durch ein volles Studium der Theologie wollen sie integriert sein in das Leben der Kirche. Was ihnen gegeben ist an Gaben, an Geringem und Großem, an Wenigem und an Vielem wollen sie in das Ganze der Kirche einbringen. Auch unter ihren arbeitenden und austeilenden Händen vermehrt sich Leben, vermehren sich ihre Fähigkeiten, erfahren sie tiefer und dringlicher ihre Würde als Christen. Wie aber wird in der Kirche darauf reagiert? Frauen möchten oft mehr geben oder anders und auch anderes geben, als ihnen offiziell gestattet und zugestanden wird.

Immer noch erleben Frauen sich trotz ihrer vielen Dienste in bestimmten Aufgaben und Positionen in der Kirche als unerwünscht. Da und dort will man sie nicht einmal als Kommunionhelferin, schon gar nicht als Predigerin; selbst kleinen Mädchen wird das Ministrieren verwehrt. Was aber verwehrt wird, kann nicht gegeben und daher auch nicht vermehrt werden. Wie nötig hätte es doch die Kirche, daß sich in ihr auch die Lebenserfahrung der Frauen vermehren könnte. Zwar werden Frauen immer häufiger als Beraterinnen zugelassen. Zugelassen! Immer noch dieser Gestus der gnädigen Erlaubnis, des Gewährens, der die Stellung der Frau und ihre Wertung in der Kirche deutlich bezeichnet. Immer noch ist *sie* dort nicht selbstverständlich! So bleibt sie auch ausgeschlossen von den Entscheidungs- und Leitungsgremien. Sie bleibt vor den Türen, hinter denen Männer in für sie wichtigen Lebensfragen ohne sie und über sie befinden und entscheiden. Die Spaltung der Kirche in eine Männerkirche und in eine Frauenkirche macht die Frauen in ihr – um im Bild der Bibel zu sprechen – zu „armen Witwen", also zu Menschen, denen das volle Ansehen und auch die Teilhabe an den amtlichen Vollmachten des Volkes Gottes vorenthalten wird. Sie werden noch immer als Minderheit, als Randgruppe betrachtet, obwohl *sie* es sind, die unsere Kirchen noch füllen, die die meisten Dienste in den Gemeinden ehrenamtlich tun. Die Forderung, diese Ungleichheit zwischen Männern und Frauen zu überwinden, wird immer drängender. Sie wird kein Ende finden, bis die Diskrepanz zwischen Lehre und Praxis in diesem Bereich überwunden ist. Sagt doch die Synode der Bistümer in der Bundesrepublik, „daß die Stellung der Frau in Kirche und Gesellschaft es heute unverantwortlich erscheinen läßt, sie von theologisch möglichen und pastoral wünschenswerten *amtlichen Funktionen* auszuschließen."

Was würde sich denn vermehren durch Frauen in „amtlichen Funktionen"? Wo geteilt wird, entsteht Gerechtigkeit; dadurch vermehren sich der Friede, die Liebe, die Achtung voreinander. Es würde sich die Geschwisterlichkeit vermehren, in der die einseitige Brüderlichkeit „aufgehoben" wäre, weil sie erst dadurch zu ihrer Ganzheit kommen kann; abgesehen davon, daß sich die „amtlichen Funktionen" vermehren, z.B. durch die Diakonin, wie die Synode es vorschlägt. Und eines Tages, so ließe sich denken, könnten sich auch die Tische vermehren, an denen auch durch Frauen „Brot" und „Wein" ausgeteilt wird. Gemeinden müßten nicht mehr hungern und sich nicht mehr „nur" mit dem Wort zufrieden geben. Könnte sich nicht so auch Glauben vermehren, dessen lautloses Schwinden „im Land" – vor allem auch unter Frauen – wir so beklagen? Denn Übergabe und Übernahme von Verantwortung bindet gegenseitig.

Nicht nur die Geschichte der Witwe von Sarepta zeigt, daß sich das Wenige der „armen Witwen" vermehren will und soll. Da gibt es noch eine andere Witwe. Jesus beobachtete sie im Tempel, als sie zwei Kupfermünzen in den Opferkasten warf. Jesus *sah* es! Er rühmte sie und sagte: „Wahrhaftig, ich sage euch: Diese arme Witwe hat *mehr* als alle anderen hineingeworfen. Denn sie alle haben nur *etwas* von ihrem Reichtum in den Opferkasten gelegt. Die Frau aber, die nur das Nötigste zum Leben hat, hat ihre *ganze* Habe gegeben“ (Lk 21,1–4).

Er *sah,* was sie tat; er *rühmte*, was sie tat; er *wertete*, was sie tat. Die andern, die nur von ihrem Reichtum, die nur *etwas* gaben, stehen sie vielleicht für jene, die nur geben, was sie meinen, ihrem Ansehen, ihrer gesellschaftlichen und kirchlichen Stellung gemäß geben zu sollen?

Sie gab mehr als alle andern, sagte Jesus. Dieses Mehr verweist nicht auf die Vermehrung einer Quantität, sie meint Qualität. Während die einen nur etwas gaben, gab die Witwe *sich selbst.* Wenn sie *alles* gab, was sie im Augenblick zum Leben nötig hatte, übergab und überließ sie dann nicht ihr ganzes Leben Gott? Gott, der weiß, wessen sie bedarf? Gott, der für sie sorgen wird? Ist es diese *Lebens*übergabe, die Jesus rühmt? Rühmt er diesen Glauben?

Jesus sah es. Und er sieht und weiß auch, daß es zum Geschick der Frauen gehört, alles zu geben, ihr Leben dranzugeben. Denn Frauen empfangen und gebären Kinder. Ob sie diese annehmen, austragen, verhindern, verweigern, immer ist die Frau mit Leib und Leben, mit ihrer ganzen Existenz in den Vorgang, Leben weiterzugeben, eingebunden. Distanz ist hier nicht möglich. Kommt es von diesem Ganz-hinein-genommen-sein in den Vorgang des Lebens, daß Frauen ein besonders waches Bewußtsein, eine, zumal heute, sensibel und auch ungeduldig gewordene Sehnsucht haben nach Ganzheitlichkeit? Nach Ganzheitlichkeit der menschlichen Person, der menschlichen Beziehungen, nach ganzheitlicheren gesellschaftlichen und kirchlichen Strukturen? Behindert man aber dieses Ganz-sein-können und dieses

Sich-ganz-geben-wollen in der Kirche nicht? Die Ganzheitlichkeit, die Frauen als Glieder der Kirche auch erfahren wollen, dieses Ganz-sein-dürfen zielt ab auf jene neue Qualität, die auch eine Qualität des Gottesreiches ist; die deswegen auch *mehr* ist als das, was in der bisherigen Tradition der Kirchen den Frauen zugestanden wurde und wird: „Da ist nicht mehr Mann noch Weib, denn ihr alle seid *einer* in Christus. Wenn ihr aber Christus angehört, dann seid ihr ja … Erben aufgrund der Verheißung“ (Gal 3,28–29). In diesem qualitativ anderen *Mehr* könnte sich die jahrhundertealte Minderbewertung der Frau wandeln in die praktische Erfahrung der gleichen Würde aller Getauften.

Alles geben. Alles geben wollen und gar nicht anders können. Das trifft auch für jene Frau zu, die Jesus in Bethanien salbte (Mt 26,6–13), als er hinaufzog nach Jerusalem zum Osterfest.

Sie zerbrach ihr Alabastergefäß und goß das ganze kostbare, wohlriechende Öl über das Haupt Jesu. Unter seinen männlichen Begleitern waren solche, die ihm und ihr das übel nahmen. Sie meinten, man hätte das Öl teuer verkaufen und den Erlös den Armen geben sollen. Sie dachten an die Armen. Aber den, der in ihrer Mitte in diesem Augenblick besonders arm war, weil er unmittelbar den Tod vor sich hatte, ihn sahen sie nicht. Jesus verteidigte die Frau. Er sagte: „Laßt sie, sie hat es für mein Begräbnis getan.“ Für sein Begräbnis! Weitet sich hier das Tun der Frau nicht aus zu einem hinweisenden Zeichen, auf das nämlich, was Jesus selbst wollte: Nach wenigen Tagen schon wird das Gefäß seines Lebens zerbrochen werden. Jesus wird alles und will alles geben, sich selbst, Leib und Leben bis zum letzten Tropfen Wasser und Blut. So wie das kostbare Öl der Frau im Zerbrechen des Gefäßes sich in seinem Duft vermehrte, das ganze Haus erfüllte, für alle gegenwärtig und wahrnehmbar wurde, so vermehrte sich das Leben Jesu am Kreuz für das „ganze Haus“: für die ganze Menschheit, für die ganze Welt. Es vermehrt sich noch heute durch Teilen und Austeilen des eucharistischen Brotes und alle Tage bis ans Ende der Zeit.

Fehlt unserer männlich geprägten Kirche nicht der „Duft“, die Atmosphäre weiblichen Handelns und Tuns, weiblicher Inspiration, weiblicher Spiritualität, weiblichen Denkens, weiblicher Kompetenz? Nicht, daß es das alles nicht gäbe. Aber es kommt nicht oder nicht genug zur Geltung. Auch viele Frauen lassen sich immer noch von den „Begleitern Jesu“ beeindrucken, von dem, was diese denken oder über sie sagen würden oder sagen, wenn sie daran gehen wollten, ihre Gaben zur Geltung zu bringen. Allzuschnell unterstellt man den Frauen Machtgelüste und falsches Geltenwollen. Als gäbe es das vor allem unter Frauen! – Immer noch fehlen weibliche Professoren in den Theologischen Fakultäten der Universitäten, weibliche Caritasdirektoren (vor kurzem wurde die erste Frau in der Diözese Limburg in dieses Amt berufen!). Immer noch fehlen leitende Fachfrauen in den Ordinariatssitzungen. „Der Duft kann nicht entströmen“, das Haus nicht davon erfüllt werden. Das Alabastergefäß weiblicher Erfahrung ist unerwünscht bei der Leitung der Kirche.

Bei der Geburt der neuen Menschheit durch Jesus am Kreuz in seinem Blut „aber standen seine Mutter und die Schwester seiner Mutter, Maria, die Frau des Klopas und Maria von Magdala“ (Joh 19,25). Sie waren auch die ersten Zeuginnen des neuen Lebens, als er aus dem Schoß des Grabes auferstand. Und Frauen waren dabei, als der heilige Geist herabkam. „Alle wurden vom Heiligen Geist erfüllt, und sie begannen in verschiedenen Sprachen zu reden“ (Apg 2,1–5). Über alle kamen die Zungen Gottes, über alle das Feuer und der Sturm. Warum sollen da die Frauen nicht auch *reden müssen* von dem, „was sie gehört und gesehen haben"? (Apg 4, 20). Warum sollen denn gerade sie in der Kirche so zurückhaltend sein, da Jesus ihnen doch einen innerkirchlichen Verkündigungsauftrag gegeben hat, den wichtigsten: ‚Geh, sag es meinen Brüdern, *daß ich auferstanden bin*' (Joh 20,17)! Das ist so. Auch wenn die Kirche uns die ganze Osterzeit in ihrem Breviergebet singen läßt: „Der Herr ist den Jüngern erschienen." Wer denkt bei solchem Sprachgebrauch an die Frauen?

Was wir empfangen haben durch den heiligen Geist in Taufe und Firmung, nämlich die *göttlichen* Talente Glauben, Hoffnung und Liebe, diese drei Qualitäten des Gottesreiches und mit ihnen alle damit möglichen Charismen und Berufungen, sie vermehren sich nur durch Weitersagen, Weiterverkündigen, Weitergeben. Jesus hat durch den österlichen Auftrag die Frauen ausdrücklich eingeschlossen.

Es ist zu fragen, ob heute auch deshalb so viele Frauen die Kirche verlassen und verlassen haben, weil sie bisher zu wenig oder gar keine Frauen in den Gottesdiensten, den offiziellen Versammlungen des Gottesvolkes, erlebt haben, die das Wort Gottes verkündet hätten. Dort können sie bisher wegen der fehlenden weiblichen Vorbilder, ihre eigenen Gaben und Fähigkeiten nicht oder zumindest wenig dafür entdecken, den Glauben in *ihrer* Sprache weiterzugeben. Es war und blieb „Männersache." So wurde das „Sprachwunder" für die Öffentlichkeit der Kirche – und vielleicht gerade dadurch auch für die Familien – unter den Frauen verhindert. Durch die wenigen Frauen, die heute als Pastoralreferentinnen diesen Verkündigungsdienst der Predigt tun „dürfen" (das ist ja für den ganzen Berufsstand schon wieder in Frage gestellt!), könnte es sich dennoch in Zukunft ereignen. Andernfalls werden „Charismen, die Gott den Frauen geben kann, im voraus einfach blockiert. Hindern wir so nicht Gott, durch Frauen das zu tun, was er durch Frauen in der Welt (und in der Kirche) wirken kann?" (Weihbischof Ernst Gutting).

Viele Frauen, die sich noch mit der Kirche identifizieren, sich noch in ihr engagieren, sind davon überzeugt, daß die Kirche nicht zur Fülle ihres Lebens, nicht zum „Vollalter Christi", nicht zu ihrer Reife, nicht zu ihrer Ganzheit und nicht zu ihrer ganzen Glaubwürdigkeit und Überzeugungskraft kommen kann, solange Frauen nicht auch in den „amtlichen Funktionen" der Kirche ihre Gaben einbringen und vermehren können. Denn nach Paulus ist es der Heilige Geist, der die Gnadengaben schenkt (1 Kor 12,4ff), und der gleiche Apostel mahnt, den Geist nicht auszulöschen (1 Thess 5,19). Heißt das nicht, daß wir ihn an seiner Wirksamkeit nicht hindern sollen?

Die deutschen Bischöfe formulieren in ihrer Verlautbarung „Zu Fragen der Stellung der Frau in Kirche und Gesellschaft", daß „Mann und Frau gleich sind als Person", daß sie „von Gott her und zu Gott hin" gleich sind, daß „Mann und Frau gottunmittelbar" sind. Damit sind Frauen aber auch berufen, fähig und würdig, jegliches Charisma zu empfangen. Wenn Jesus sagt: „Stellt euer Licht nicht unter den Scheffel, sondern auf den Leuchter, damit es allen im Hause leuchtet" (Mt 5,15), meint er nicht nur eines der Geschlechter. Es ist eine Mahnung an alle. Und allen soll dieses Licht leuchten. So soll auch das Licht, das Frauen gegeben wird, nicht nur unter Frauen bleiben, in kleinen Gruppen, in Familie oder Sippe allein, wie wir schon bei der Witwe von Sarepta gesehen haben. Auch den Frauen ist das Licht des Glaubens für das ganze Haus, für das Ganze der Gemeinde, der ganzen Kirche gegeben.

Aber noch sind die unzähligen Dienste der Frauen „unter dem Scheffel." Denn bis heute können sie in der offiziellen Versammlung der Gläubigen nur durch einen

Mann repräsentiert werden: durch den Diakon. Jesus selbst aber setzt dem Licht keine Grenzen. Auch dort nicht, wo es und weil es durch Frauen kommt. Im Gegenteil. Er rühmt ihr Tun. Er verteidigt sie.

2

Aufruf zum „Fest der Verlorenen“

*

Was Jesus wirklich wollte

Die Frage nach einer christlichen Weltanschauung

Phil Bosmans

Die Frage nach einer christlichen Weltanschauung ist eigentlich die Frage nach einer menschlichen Weltanschauung, die Frage nach dem Wohl konkreter Menschen und nach dem Schicksal der Armen und Machtlosen.

Wie geht es den Geringsten,
den Hilflosen, den Minderheiten
in unserer eigenen Gemeinschaft
und in der Welt?

„*Was ihr*
dem Geringsten getan habt,
das habt ihr mir getan.“
(Jesus)

Es ist die Frage nach der Liebe unter uns,
nach dem Herz in dieser Gesellschaft,
nach dem Maß der Menschlichkeit
in unseren politischen, sozialen
und wirtschaftlichen Verhältnissen.

Es ist die Frage nach der Ehrfurcht
vor dem menschlichen Leben,
nach der Ehrfurcht vor dem Menschen,
nach der Ehrfurcht vor seiner Lebenswelt
und vor der ganzen Natur.

Es ist die Frage nach der Gewalt bei uns.
Warum werden Hände zu Fäusten?
Warum so viele Waffen?
Warum regiert in dieser Welt
das Recht des Stärksten?

Es ist die Frage nach Gerechtigkeit
und Frieden
und nach der gerechten Verteilung
der Güter der Erde.

Das Christentum ist in die Welt hineingewachsen, ging mit den Menschen mit und begann, Geschichte zu machen von Jahrhundert zu Jahrhundert. Die ersten Christen lebten in einem glühenden Glauben an eine Botschaft der Freude. Die erste Kirche war ein offenes Haus. Menschen kamen zusammen wie eine Familie, und man sagte von ihnen: „Seht, wie sie einander lieben.“

Allmählich eroberte das Christentum die westliche Welt und wurde eine Macht, eine große weltliche Macht mit viel Reichtum. Auf Lehrsätze und Strukturen wurde großer Wert gelegt, und die Botschaft der Freude erstarb in Glaubensstreitigkeiten, in endlosen Diskussionen auf hohem Niveau, die Fremdheit und Zerrissenheit mit sich brachten. Dann folgte die Erstarrung in strenger, übersteigerter Rechtlichkeit. Die Botschaft der Freude erstickte in einem Panzer von Gesetzen, Paragraphen, Vorschriften und Verordnungen, für die sich kein Mensch erwärmen kann. Die Früchte des Geistes – Liebe, Freude, Friede – wurden verschüttet durch eine Lawine von kirchlichen Auseinandersetzungen.

Das Christentum wird
einzig und allein
durch Menschen überleben,

die die Liebe praktizieren,
und durch die unvernünftigen Zeugen,
die in der Liebe übertreiben.

Das Evangelium wurde verraten, in Fetzen zerrissen und mit den Bruchstücken in Kirchen und Kapellen eingeschlossen. Immer wieder sagten Christen den Krieg an: nicht ihren eigenen Lastern, sondern den Andersdenkenden, den religiösen oder politischen Gegnern. Die Unverträglichkeit wurde auch in den eigenen Reihen groß. Die einen verkündeteten ihre eigene neue Sicht von Religion und Kirche ohne die geringste Achtung vor anderen, die an der alten Sicht festhielten. Man begann, sich gegenseitig in endlosen Diskussionen zu zerfleischen und alles zu zerteilen in Gruppen und Lager, Flügel und Fronten. Man suchte Konfrontation und Polarisierung und entwickelte Strategien, wie die eigene Sicht am besten durchzusetzen sei. Man setzte sich auf den Richterstuhl. Man bekleidete sich mit Unfehlbarkeit, um jeden und selbst die höchsten Amtsträger zu beurteilen und zu verurteilen.

Christen sind
unter ihrem Niveau geblieben.
Sie haben Gott für die Sonn- und Feiertage
in Kirchenmauern eingefangen.
Sie haben zuwenig
für ihre eigene Bekehrung gebetet.
Sie haben Gott
als eine Waffe gegen Mitmenschen
gebraucht und mißbraucht.
Sie haben zuviel
nach dem Einsatz seiner Macht gefragt
und zuwenig nach der Gabe seines Geistes.

Das einzige,
was ein Christ zu tun hat:
daß die „Menschlichkeit" Gottes,
die „Güte" und die „Liebe" Gottes
Gestalt annimmt
in einer lieblosen Welt,
wo so viele Menschen
vor Kälte sterben.

Das Gleichnis vom ohnmächtigen Vater

Johannes B. Brantschen

Das Gleichnis vom „Verlorenen Sohn" könnte man auch das Gleichnis vom „ohnmächtigen Vater" nennen. Der Vater, wie er in diesem Gleichnis erscheint, ist ohnmächtig, weil er liebt.

Weiter sagte Jesus: Ein Mann hatte zwei Söhne. Der jüngere von ihnen sagte zu seinem Vater: Vater, gib mir das Erbteil, das mir zusteht. Da teilte der Vater das Vermögen auf. Nach wenigen Tagen packte der jüngere Sohn alles zusammen und zog in ein fernes Land. Dort führte er ein zügelloses Leben und verschleuderte sein Vermögen. Als er alles durchgebracht hatte, kam eine große Hungersnot über das Land, und es ging ihm sehr schlecht. Da ging er zu einem Bürger des Landes und drängte sich ihm auf; der schickte ihn aufs Feld zum Schweinehüten. Er hätte gern seinen Hunger mit den Futterschoten gestillt, die die Schweine fraßen; aber niemand gab ihm davon. Da ging er in sich und sagte: Wie viele Tagelöhner meines Vaters haben mehr als genug zu essen, und ich komme hier vor Hunger um. Ich will aufbrechen und zu meinem Vater gehen und zu ihm sagen: Vater, ich habe mich gegen den Himmel und gegen dich versündigt. Ich bin nicht mehr wert, dein Sohn zu sein; mach mich zu einem deiner Tagelöhner. Dann brach er auf und ging zu seinem Vater. Der Vater sah ihn schon von weitem kommen, und er hatte Mitleid mit ihm. Er lief dem Sohn entgegen, fiel ihm um den Hals und küßte ihn. Da sagte der Sohn: Vater, ich habe mich gegen den Himmel und gegen dich versündigt; ich bin nicht mehr wert, dein Sohn zu sein. Der Vater aber sagte zu seinen Knechten: Holt schnell das beste Gewand, und zieht es ihm an, steckt ihm einen Ring an die Hand, und zieht ihm Schuhe an. Bringt das Mastkalb her, und schlachtet es; wir wollen essen und fröhlich sein. Denn mein Sohn war tot und lebt wieder; er war verloren und ist wiedergefunden worden. Und sie begannen, ein fröhliches Fest zu feiern. Lk 15,11–24

Wenn es irgendwo einen „permissiven", ja „antiautoritären" Vater gibt, dann hier in diesem Gleichnis vom „Verlorenen Sohn."

Der Vater – und der Vater des Gleichnisses verweist auf Gott – begnügt sich nicht etwa mit dem Nutznießungsrecht, sondern er teilt seinem jüngeren Sohn auf dessen Begehr das Erbe zu, obwohl er ahnt oder sogar weiß, was daraus werden wird. Er nimmt seinen Sohn ernst. Er läßt seinen Sohn ziehen, weil er die Freiheit des Sohnes respektiert. Er läßt seinen Sohn – obwohl er die Macht dazu ja hätte – weder durch die Polizei noch durch gute Freunde nach Hause schaffen, als dieser in der Stadt zu verkommen droht. Aber dieser Vater leidet, weil seine Liebe nicht beantwortet wird – wie Liebe immer leidet, wenn sie nicht beantwortet wird. Das wissen wir alle aus Erfahrung.

Vielleicht ist jemand unter Ihnen, der den Schmerz dieses Vaters nachfühlen kann. Da haben Sie jahrelang alles für Ihr Kind getan, weder Arbeit gescheut noch mit Zeit oder Geld oder Liebe gegeizt, damit Ihr Kind gut herauskomme, eine Lehre oder ein Studium machen kann – und nun kehrt Ihr Kind Ihnen den Rücken, zieht aus, haut ab: vielleicht in die Drogenszene, vielleicht in eine Sekte – und Sie sind völlig ohnmächtig. Es bricht Ihnen fast das Herz, weil Sie Ihr Kind lieben – aber wenn das Kind nicht selber zurück will, können Sie nichts machen. Das ist die Ohnmacht der Liebe. Natürlich können Sie im

Einzelfall Ihr Kind vielleicht mit Drohung und Erpressung im Elternhaus zurückbehalten oder es mit Gewalt zurückholen – dann aber haben Sie Ihr Kind verloren, denn Liebe braucht Freiheit.

Weil der Vater im Gleichnis seinen Sohn liebt, deshalb ist er ohnmächtig. So bleibt dem Vater nichts anderes übrig, als seinen wegziehenden Sohn, der sich in der Fremde verliert, mit einem Herzen voll brennender Liebe zu begleiten – so sehr, daß er schon bereit steht, als der Sohn völlig gescheitert nach Hause kommt. Der Vater eilt ihm entgegen, fällt ihm um den Hals, küßt ihn, unterbricht sogar das Schuldbekenntnis seines Sohnes – und feiert großartig die Heimkehr.

Gott – ein beleidigter Vater?

Johannes B. Brantschen

Im Gleichnis vom „Verlorenen Sohn“, im wohl schönsten Gleichnis Jesu, wird Unerhörtes gesagt. Und so ist es denn nicht verwunderlich, wenn Christen immer wieder versucht haben, diese Botschaft abzuschwächen, sogar zu pervertieren. Mit diesem Gleichnis will Jesus uns zu verstehen geben, wie Gott mit uns umgeht, auch wenn wir schuldig geworden sind, und wie wir in der Nachfolge Gottes miteinander umgehen sollen, um nicht aneinander schuldig zu werden.

Ein Mißverständnis, das auch heute noch vorkommt

Das „Fest der Verlorenen“ (Ernst Fuchs) – so müßte dieses Gleichnis Jesu heißen, denn „verloren“ ist nicht nur der jüngere Sohn, wie wir gewöhnlich meinen, „verloren“ ist auch der ältere Sohn, ja, „verloren“ ist in gewissem Sinn auch der Vater. Verloren sind zuerst mal alle drei, weil sie einander nicht verstehen. Der Ausgangspunkt ist ein tragisches Mißverständnis, wie es auch heute noch oft zwischen Gott und uns Menschen vorkommt.

Da ist zuerst einmal der Vater: Er ist die Zentralfigur des Gleichnisses. Sein Wesen ist Liebe, Mitleid, Erbarmen. Aber – und das ist das Drama des Vaters – seine Söhne verstehen nicht, daß ihr Vater ein souverän gütiger Vater ist, der nur eines will: daß seine Söhne Leben haben und daß sie es in Fülle haben.

So leidet denn dieser Vater und ist „verloren", wie Liebe immer leidet und verloren ist, wenn sie keine Antwort findet. Die Freude des Vaters wäre erst dann ganz, wenn seine Söhne merken: Wir haben einen herrlichen Vater, der uns das Glück gönnt.

Dann der jüngere Sohn: Er ist verloren, weil er seinen Vater falsch einschätzt. Er meint, er könne in der Nähe des Vaters nicht frei werden und sich selbst verwirklichen. Er glaubt nicht, daß sein Vater ihm das Leben und die Freiheit gönnt. Der jüngere Sohn gleicht darin vielen Christen, die immer noch meinen, Gott schnüre sie mit Geboten und Verboten ein, lasse sie nicht frei atmen. So zieht denn der Jüngere aus, weil er sich ein falsches Bild vom Vater macht. Aber er findet fern vom Vater nicht die Freiheit, von der er träumt, sondern das nackte Nichts.

Und dann der ältere Sohn, der zu Hause bleibt, der sogenannte brave. Auch er ist verloren, weil er das Herz seines Vaters nicht kennt. Er meint, er müsse sich die Liebe seines Vaters verdienen. Er kann sich gar nicht vorstellen, daß sein Vater bedingungslos liebt. Dieses groteske Mißverständnis teilen mit ihm noch heute viele Christen. Leistung, Lohn, Strafe, das sind die Kategorien, in denen der ältere Sohn seine Beziehung zum Vater lebt.

Wie kommt es zum Fest der Verlorenen?

Wie kommt es zur Auflösung dieses fatalen Mißverständnisses? Wie kommt es zum Fest der Verlorenen? Als der jüngere Sohn fern vom Vater vor dem physischen und moralischen Nichts steht, geht er in sich. Seine aussichtslose Lage – und nichts anderes – ist das Motiv seiner Besinnung. Das Elend bringt ihn zur Vernunft: „Da ging er in sich und sprach: Wie viele Tagelöhner meines Vaters haben Brot im Überfluß, ich aber komme hier vor Hunger um. Ich will mich aufmachen und zu meinem Vater gehen und ihm sagen: ‚Vater, ich habe gesündigt gegen den Himmel und vor dir; ich bin nicht mehr wert, dein Sohn zu heißen; stelle mich wie einen deiner Tagelöhner'" (Lk 15,17–19). Der Sohn macht sich nichts mehr vor. Er gibt seine Schuld zu, und damit ist der entscheidende Schritt zur Umkehr vollzogen. Aber – seinen Vater hat er noch nicht verstanden. Er hofft zwar auf Gnade, aber er erwartet auch Strafe: Als Tagelöhner nämlich hofft er eingestellt zu werden – das ist das Äußerste, was er sich vorzustellen vermag, denn auch er denkt in den Kategorien dieser Welt: in den Kategorien von Leistung – Lohn – Strafe. Er kennt seinen Vater noch nicht.

So macht er sich denn auf den Heimweg – und nun überstürzen sich die Ereignisse. Der Vater wartet schon auf ihn, ja eilt ihm entgegen (etwas ganz Ungewöhnliches für einen alten Orientalen; eilen ist normalerweise unter seiner Würde), umarmt und küßt seinen Sohn als Zeichen der Vergebung. In diesem Augenblick geht dem Sohn erst auf, wer sein Vater ist: der bedingungslos Liebende, bedingungslos Verzeihende, der dem schuldig Gewordenen *unverdientermaßen* gnädig ist. Weit und breit ist kein beleidigter Vater zu sehen, der Vorleistungen verlangt, Sühne fordert, Strafe verhängt. Wohl aber war der Vater traurig, solange er nicht verstanden wurde, solange seine Liebe nicht geglaubt wurde. Und jetzt, nachdem der Sohn endlich durch Umwege und Irrwege die Liebe des Vaters verstanden hat, organisiert der Vater ein Fest und freut sich, weil Liebe sich immer freut, wenn sie verstanden, wenn sie angenommen, wenn sie geglaubt wird.

Und was geschieht? Der ältere, zu Hause gebliebene, brave Sohn wird eifersüchtig und entrüstet: „Nie wurde mir ein solches Fest bereitet, obwohl ich dir die ganze Zeit treu diente und nie dein Gebot übertreten habe, und nun kommt dein Sohn, diese zweifelhafte Gestalt, heim, und du machst ein Fest." Der Vater versucht, seinen Älteren vom Leistung-Lohn-Denken wegzubringen: „Junge, du bist allzeit bei mir, was mein ist, ist dein, komm rein, gibt deinem Bruder die Hand. Freu dich mit uns." Dem älteren Sohn wird hier viel zugemutet: Er soll seinem aus schlimmer Vergangenheit heimgekehrten Bruder die Hand geben, ihn als Bruder anerkennen, sich zusammen mit seinem Bruder über die neu geschenkte Gemeinschaft freuen und so die Freude des Vaters voll machen. Ob er es getan hat, wissen wir nicht. Sicher ist dies: In der neidlosen Anerkennung seines Bruders ist das Heil des Älteren, des sogenannten Gerechten, zu finden. Aber – er kann seinem Bruder wohl erst dann die Hand reichen, wenn er sein bisheriges Vaterbild ändert.

Was folgt daraus für uns hier und jetzt? Ein Doppeltes, wie mir scheint.

Nur so wird Gemeinschaft unter uns möglich

Zunächst: Wenn wir uns als den von zu Hause weggelaufenen jüngeren Sohn verstehen, brauchen wir nicht zu verzweifeln. Es gibt vor Gott keinen verlorenen Menschen. Du darfst heimkehren, wer du auch bist, was du dir auch vorwerfen mußt. Du mußt nur bereit sein, deinen Stolz fahren zu lassen und mit leeren Händen Gottes Erbarmen zu empfangen. Du mußt dich nicht selber rechtfertigen und entschuldigen wollen. Gott verzeiht bedingungslos.

Aber auch dies: Wenn wir uns aber als den zu Hause gebliebenen älteren Sohn verstehen, dann sind wir gefragt: Sind wir bereit, Gott Gott sein zu lassen, das heißt, ihn als den bedingungslos Liebenden, bedingungslos Verzeihenden praktisch anzuerkennen? Und wann tun wir das? Dann und nur dann, wenn wir bereit sind, den Bruder und die Schwester, die anders leben als wir, die vielleicht mit dem Gesetz und der Moral in Konflikt geraten sind, als unseren Bruder und unsere Schwester anzuerkennen, neidlos anzuerkennen und uns mit ihnen zusammen zu freuen über neues gemeinsames Leben.

Nicht selten wurde im Laufe der Jahrhunderte das Gottesverständnis des Jesus von Nazaret verdunkelt und durch Höllenpredigten geradezu pervertiert. Aber der Gott Jesu ist so ganz anders, als unsere archaischen Phantasien, Ängste und Zwänge es wahrhaben wollen. Er ist der bedingungslos verzeihende, nicht ein grausamer und harter Gott. Beim Gott Jesu ist das Geschenk das Erste: Du bist angenommen, wer du auch bist, du bist bejaht, was du dir auch vorwerfen mußt. Das ist die Frohbotschaft, das ist der erste Schritt. Und dann erst folgt der zweite: Geh hin und nimm auch den anderen an. Geh hin, und laß auch die anderen gelten, das heißt z.B.: Richte nicht! Du weißt ja nicht, was für persönliche Dramen sich bei denen abspielen, die anders leben als du, anders gelebt haben als du. Den andern gelten lassen heißt auch: immer wieder verzeihen, auch nach zehn Enttäuschungen noch ein elftes Mal Vertrauen schenken. Den andern gelten lassen heißt: nicht über Leichen gehen. Leichen gibt es nicht nur, wenn Revolver und Messer im Spiel sind, dazu genügt oft ein tötender Blick, ein giftiges Wort, ein eisiges Schweigen. Den andern gelten lassen heißt: am Einsamen nicht achtlos vorübergehen. Wir hier im reichen Westen, in unseren reichen Städten, haben ja das zweifelhafte Privileg, wohl am meisten einsame Menschen auf einem Quadratmeter zu besitzen. Radikale Einsamkeit ist etwas Fürchterliches. Wie manch leerer Blick zeigt uns doch: „Ich hab' keinen Menschen – hast du nicht ein wenig Zeit für mich – ein wenig Liebe für mich?"

Gott hat Freude am Menschen. Darum heißt sein Evangelium: Du bist angenommen, du bist bejaht, gehe hin und nimm auch die anderen an, gehe hin und laß auch die anderen gelten. Denn nur so wird Gemeinschaft unter uns möglich.

Das Abenteuer des Evangeliums

Jacques Gaillot

Johannesevangelium 1,35–51

Jesus von Nazareth ist unterwegs am Ufer des Sees von Tiberias. Er ist erfüllt vom Atem des Geistes, denn er trägt die ganze Gegenwart Gottes und die ganze Gegenwart des Menschen in sich. Jesus ist ausgezogen, um überall großzügig seine Botschaft auszusäen. Er ist zu neuen Ufern aufgebrochen, damit jeder erreicht werde. Jesus ist ein Sämann mit schnellen Schritten, der sich – wie Marcel Légaut sagt – nicht darum kümmert, die Ernte auch in die Scheune einzufahren.

Zahlreiche Schüler nehmen seine Worte auf; Worte, die wie Samenkörner ins Erdreich fallen und sterben, um neu zu erstehen und reiche Frucht zu tragen. Sie sind keimendes Leben.

Weil Gott das Leben liebt, sind wir zum Leben berufen. Jesus ist gekommen, „damit wir das Leben haben und es in Fülle haben" (Joh 10,10).

Mit der Leidenschaft Gottes für den Menschen befreit Jesus von aller Sklaverei. Gebeugte richtet er auf, wo immer sie ihm begegnen; ohne Kompromisse klagt er an, was menschlicher Freiheit und Würde widerspricht. Jesus macht erfahrbar, daß alle Menschen Brüder und Schwestern sind, und er zeigt, daß jedes Menschenleben ohne Ausnahme von unschätzbarem Wert ist.

Nachfolge Jesu bedeutet: den Weg des Lebens wählen. Der junge Prophet aus Nazaret beginnt seine Sendung ohne ein sichtbares Zeichen seiner Macht. Ihm geht es um die sanfte Geburt neuer Möglichkeiten. Es ist die Zeit der Anfänge auf einem Weg der Menschlichkeit und der Hoffnung.

Auf seinem Weg läßt Jesus nichts beim alten. Mit seiner Ankunft gerät alles in Bewegung, eine tiefe Erschütterung setzt ein und wirkt ständig weiter. Ein großartiger Aufruf zum Leben ist ergangen, der in den Herzen der Menschen fortdauernd widerhallt.

Eine Atmosphäre der Gegenwärtigkeit

Als Johannes der Täufer Jesus sieht, sagt er: „Seht das Lamm Gottes!" Auf diese Worte hin folgen die beiden Jünger, die bei Johannes waren, Jesus nach. Sie erleben eine unvergeßliche Begegnung und bleiben bei Jesus, weil seine Gegenwart sie nährt und stärkt. Sie genießen diese kostbaren Augenblicke der tröstenden Gegenwart Jesu, ohne sich darum zu sorgen, was morgen sein wird. Die Intensität dieses mit ihm erlebten Augenblicks bleibt ihre größte Erfahrung: Jesus gibt ihnen eine Bleibe, wo sie sich aufgenommen, geachtet und geliebt fühlen.

Als ich meinen Militärdienst in Algerien leistete, hörte ich von Moslems öfter das Sprichwort: „Zwischen Auge und Ohr sind vier Finger." Sie haben mir die Überlegenheit dessen, der sieht, über den, der hört, erklärt. Die Jünger sehen mit eigenen Augen das Wort des Lebens, das sie verändert. Ein Licht verwandelt sie von innen und hebt die Werte der Innerlichkeit hervor.

Eine Atmosphäre der Begegnung

Andreas trifft beim Morgengrauen seinen Bruder Simon und sagt ihm: „Wir haben den Messias gefunden." Darauf führt er ihn zu Jesus.

Philippus, der von Jesus gerufen wurde, wird nun selbst zu einem Rufenden, indem er Nathanael zur Begegnung mit Jesus führt. Jeder, der zu Jesus geht, ist bereits für einen anderen da. Gleich Konstellationen am Sternenhimmel stiften die Berufungen neue Beziehungen und eröffnen so einen unerwarteten Horizont.

Jesus steht vor Menschen, die in Erwartung leben, die Wünsche haben und auf der Suche sind. Durch Johannes den Täufer vorbereitet, sind sie nun bereit, sich auf das Abenteuer mit Jesus einzulassen.

Wir sollten in ihnen nicht schon ehrwürdige Apostel sehen – Säulen der Kirche, umgeben mit dem Heiligenschein der Geschichte –, sondern sie einfach als Menschen betrachten, die ein Abenteuer beginnen. Jesus rüttelt ihr Gewissen wach und läßt sie einen neuen Sinn für ihr Leben finden.

Eine persönliche Atmosphäre

Jesus beruft jeden einzeln, keine Gruppen oder Gemeinschaften. Er ruft jeden bei seinem Namen, meint ihn in seiner unverwechselbaren Eigenart und trifft ihn in seiner Lebenssituation. So ist es auch mit Andreas, Simon, Philippus und Nathanael, die ganz in ihrem Alltag stehen. Jesus ruft sie mit ihrer Vergangenheit, mit ihren Schwächen, ihrer Begrenztheit und ihren Plänen. Er ruft sie so, wie sie sind. Die Jünger sind keine Übermenschen. Gerade das aber bringt sie uns nahe und weckt unsere Sympathie für sie.

Der Apostel Paulus erinnert daran: „Seht doch auf eure Berufung, Brüder! Da sind nicht viele Weise im irdischen Sinn, nicht viele Mächtige, nicht viele Vornehme, sondern das Törichte in der Welt hat Gott erwählt, um die Weisen zuschanden zu machen, und das Schwache in der Welt hat Gott erwählt, um das Starke zuschanden zu machen. Und das Niedrige in der Welt und das Verachtete hat Gott erwählt: das, was nichts ist, um das, was etwas ist, zu vernichten, damit kein Mensch sich rühmen kann vor Gott“ (1 Kor 1,26–29).

Eine Atmosphäre der Freundschaft

Die Jünger kannten einander mehr oder weniger, sie waren sich schon begegnet und hatten Verbindung miteinander. Vor allem aber wurden sie von einem gerufen, der sie ganz und gar respektiert.

Jesus beruft seine Jünger nicht in erster Linie deshalb, um ihnen Aufgaben zu übertragen, sondern vor allem, damit sie bei ihm sind. Bevor er ihnen eine Sendung überträgt, macht er sie zu seinen Weggefährten, mit denen er jeden Tag zusammenbleibt. Alles wird möglich, weil die Jünger Jesus folgen wollen. Durch die Weggemeinschaft mit ihm lösen sich viele Fragen von selbst. Die Liebe führt die Jünger zum Verstehen.

In kurzer Zeit verändert sich das Leben dieser Menschen von Grund auf: Jesus nimmt den ersten Platz in ihrem Leben ein. Er wirkt auf sie wie eine Kraft, die sie zu sich selber bringt. Die Jünger verändern sich mehr, als sie jemals wünschen oder planen konnten. Die Verbformen der Zukunft machen das deutlich: „Du bist Simon, der Sohn des Johannes, du *wirst* Kephas *heißen*. Kephas bedeutet: Fels (Petrus).“ Zu Nathanael sagt er: „Du *wirst* noch Größeres *sehen*.“ Und Jesus fügt hinzu: „Amen, Amen, ich sage euch: Ihr *werdet* den Himmel *geöffnet* und die Engel auf- und niedersteigen *sehen* über dem Menschensohn.“

Das Abenteuer geht weiter

Auch heute folgen Männer und Frauen dem auferstandenen Christus nach und setzen ihr Vertrauen in ihn. Er enttäuscht sie nicht. Sie haben Christus wiedererkannt; mit derselben Einfachheit und Zurückhaltung erschien er ihnen auf ihrem Weg wie damals den ersten Zeugen.

Seit Christus in die Geschichte der Menschen trat, ist er mitten unter uns im alltäglichen, gewöhnlichen Leben. Er braucht deshalb auch nicht irgendwo anders gesucht zu werden. Nicht *er* ist abwesend, sondern *wir* sind es. Christus läßt sich immer finden.

Was geschieht, wenn jemand sich auf das risikoreiche Abenteuer des Evangeliums einläßt? Wie wird der Ruf Christi weitergegeben? Wie wird der Ruf heute in der Kirche gehört?

Ein Ruf, der das Leben verändert

François ist Lehrer und seit einem Jahr mit Veronique verheiratet. In ihrem Leben wird etwas vom Geist des Evangeliums spürbar. Eines Abends nehmen beide an einem Treffen junger Paare teil, um sich über ihr Leben in der Ehe auszutauschen. Dabei findet Veronique wunderbare Worte, mit denen sie ihre Liebe zum Ausdruck bringt: „François hat mich die Reichtümer entdecken lassen, die ich in mir trage und von denen ich ohne ihn niemals etwas gewußt hätte."

Beim Besuch einer Pfarrgemeinde wurde ich gebeten, doch einen Wunsch zu äußern. Ohne Zögern sagte ich: „Ich bete, daß Christus für jeden von euch etwas bedeuten möge."

Das ist wichtiger als alles andere. Ist es nicht dieselbe Frage, die Jesus seinen Jüngern gestellt hat?" „Wer bin ich für euch?“ Er fragt nicht: „Was sagen die andern über mich?“ sondern: „Wer bin ich eurer Meinung nach?“

Nach Jahren, in denen wir als Christen zu leben versuchten, in denen wir Erfahrungen gesammelt, uns engagiert und gebetet haben, müssen wir uns fragen: Was bedeutet Jesus für uns? Wer ist er für uns? Welches Gesicht hat er uns offenbart?

Oft werde ich gefragt: „Wo finden wir Zeichen für die Auferstehung Jesu?“ Und ich antworte dann: „Schaut euch in eurer Umgebung um. Da gibt es Menschen, deren Leben durch Christus und das Evangelium verändert wurde. Seht, was sich in ihrem Leben gewandelt hat. Ihr Leben ist für jeden von uns eine Herausforderung zum Glauben.“

Wenn Jesus in unser Leben kommt, bedeutet das immer eine Veränderung. Denn Jesus offenbart uns, daß wir auch ganz anders sein können und weckt in uns unser Bestes. Er spricht die Menschen in ihrem Herzen an; er zielt auf unser Innerstes, unsere verborgensten Tiefen; er will ein Leben ausfüllen.

Bei der Vorbereitung auf die Firmung haben Jugendliche ein Bild gemalt mit einem Segelboot in voller Fahrt und einem großen Paar Pantoffeln daneben. Ihr Kommentar zu diesem Bild war: „Sache der Christen ist nicht, es sich in ihren Pantoffeln gemütlich zu machen, sie sind getrieben vom Sturm des Geistes, müssen deshalb ihre kleinen Sicherheiten verlassen und sich aufs offene Meer hinauswagen. Sie sind zum Abenteuer des Glaubens berufen.“

Diese jungen Leute bewundere ich, weil sie verstanden haben, daß Jesus sie frei macht, sie zu einem Abenteuer aufbrechen läßt und ihnen ganz neue Perspektiven für die Zukunft eröffnet. Während ich ihnen zuhörte, entstanden aus ihren Anregungen die Gedanken für meine Firmpredigt.

„Für wen haltet ihr mich?“

Johannes Bours

Mk 8,29 in 8,27–35

Jede Zeit gibt auf die Frage Jesu: Für wen haltet ihr mich? Wer bin ich für euch?, ihre Antwort. Als Augustinus als junger Mann, noch nicht getauft, in Karthago in die katholische Basilika ging, sah er das Christusbild seines Jahrhunderts: Christus als Weisheitslehrer: „Der Christus der volkstümlichen Vorstellung war nicht ein leidender Erlöser. Das vierte Jahrhundert kennt keine Kruzifixe … Auf den Sarkophagen dieser Zeit ist er immer als Lehrer dargestellt, der seine Weisheit einem angehenden Philosophen weitergibt. Für einen kultivierten Mann bestand gerade darin das Wesen des Christentums. ‚Hier, hier ist das, wonach alle Philosophen ihr Leben lang gesucht haben', schreibt Lactantius“ (Peter Brown, Augustinus von Hippo). Wie anders ist etwa das Christusbild tausend Jahre später, das Matthias Grünewald (gest. 1528) im Isenheimer Altar gemalt hat. Wie anders das Christusbild unserer Zeit; antlitzlos, es sei denn, es erhalte sein Antlitz im Antlitz der Armen und Gefolterten.

In dem Buch „Wer ist Jesus von Nazaret – für mich?“ hat Heinrich Spaemann Zeugnisse von Menschen unserer Tage zu dieser Frage gesammelt (erschienen im Kösel-Verlag, München 1973). Da stehen Antworten wie diese:

Barbara Albrecht: „Jesus Christus ist Grund meiner Hoffnung.“

Hans Urs von Balthasar: „Der einzige Mensch in der Weltgeschichte, der einen Anspruch zu stellen gewagt hat, wie ihn Gott im Alten Bund erhob … Einem Weisen ziemt Bescheidenheit, und einem Propheten ziemt es, ‚Spruch des Herrn', nicht ‚Ich aber sage euch' zu sagen. Gott der Vater hat diesen Anspruch mit der Auferwekkung Jesu bestätigt."

Rudolf Schnackenburg: „Jesus ist mir die vorher nie dagewesene und niemals überholbare Offenbarung Gottes in seiner Zuwendung zu den Menschen und in seinem Anspruch an die Menschen, und zwar in einer Weise, daß ich selbst durch Jesus unmittelbar angesprochen und angefordert bin … Meine letzte Hoffnung, und wäre es ‚wider alle Hoffnung', erwächst aus dem Glauben, daß Gott den Gekreuzigten auferweckt hat."

Helmut Gollwitzer: „Er stört mich. Ich kann mich wegen seines Dazwischentretens nicht verhalten, wie ich zunächst wollte. Oft genug tue ich es natürlich, leider. Aber er überläßt mich nicht meinen Neigungen und Launen. Er ringt mit mir … So gestört zu werden ist das Heilsamste, was uns widerfahren kann."

Dorothee Sölle: „Was tut er mir? Ich lerne von ihm … Ich lerne von ihm, allen Zynismus zu überwinden. Diese Lektion finde ich heute am schwersten – es gibt überzeugende Gründe, Menschen zu verachten, es gibt großartige Gründe, mich selber zu verachten. Es gibt eine Versuchung, das Leben nur teilweise, nur ein Stück weit, nur unter Umständen zu bejahen. Er beschämt mich – meine endliche, ungeduldige, teilweise, oberflächliche Bejahung. Er lehrt mich ein unendliches, revolutionäres, nichts und niemanden auslassendes Ja."

Richard Egenter: „Dieser Mensch Jesus von Nazaret stellt mich vor bzw. in das Geheimnis Gottes, dem ich sonst nur auf mühseligen Denkwegen nahe komme."

Emmanuel von Severus OSB: „Heute, nach langen Mönchs- und Priesterjahren: ER, ohne den ich nichts tun kann und will, dem ich ganz gehöre und nichts vorziehen will."

Vera von Trott: „Der mein ganzes Leben in Frage stellt – und ihm Sinn gibt.“

Monica von Canstein: „Er ist die Liebe, er muß es sein, sonst dürfte ich nicht mehr leben. Durch ihn sehe ich unseren Vater, der uns die Freiheit schenkt, von ihm weggehen zu können. Wenn ich mich umwandte und am Abgrund anlangte, fand ich dort Jesus.“

Ein Mann, in der Lebensmitte stehend, der ein leidvolles Lebensschicksal zu tragen hat, sagte mir: Jesus ist für mich der, der das Leid zu Gott hin öffnet. Ich kann nur als Christ leben, weil er als einziger das Leid öffnet auf einen letzten Sinn hin.

Der Schrei nach dem Vater ist erhört: Christus

Otto Hermann Pesch

Jes 63, 15–19; 64, 1–3

Blick vom Himmel herab, und sieh her von deiner heiligen, herrlichen Wohnung! Wo ist dein leidenschaftlicher Eifer und deine Macht, dein großes Mitleid und dein Erbarmen? Halte dich nicht von uns fern! Du bist doch unser Vater; denn Abraham weiß nichts von uns, Israel will uns nicht kennen. Du, Herr, bist unser Vater, ‚Unser Erlöser von jeher' wirst du genannt. Warum läßt du uns, Herr, von deinen Wegen abirren und machst unser Herz hart, so daß wir dich nicht mehr fürchten? Kehre zurück um deiner Knechte willen, um der Stämme willen, die dein Eigentum sind. Erst vor kurzem haben unsere Feinde dein heiliges Volk vertrieben; dein Heiligtum haben sie zertreten. Uns geht es, als wärest du nie unser Herrscher gewesen, als wären wir nicht nach deinem Namen benannt. Reiß doch den Himmel auf, und komm herab, so daß die Berge zittern vor dir.

Komm wie ein Feuer, das Reisig entzündet, wie ein Feuer, das Wasser zum Sieden bringt. Mach deinen Feinden deinen Namen bekannt, so daß die Völker zittern vor dir, wenn du schreckliche und nie erwartete Taten vollbringst (Komm herab, so daß die Berge zittern vor dir). Seit Menschengedenken hat man noch nie vernommen, kein Ohr hat gehört, kein Auge gesehen, daß es einen Gott gibt außer dir, der denen Gutes tut, die auf ihn hoffen.

Ein Theologieprofessor – es ist Jahrzehnte her – hatte im Vorraum seiner Wohnung auf einem kleinen Tisch die Holzfigur eines Vogels mit einem langen Schnabel. Dieser war beweglich. War der Schnabel hoch in die Luft gerichtet, so wußten alle Besucher, hauptsächlich seine Studenten: Bin bester Laune – sagt, was ihr auf dem Herzen habt. War der Schnabel waagerecht, so hieß das: Bin nicht fröhlich, aber sachlich gestimmt – Sachprobleme können besprochen werden. Zeigte der Schnabel nach unten, so sagte das: Macht heute einen weiten Bogen um mich – bin ganz depressiv und garantiere für nichts.

In der Adventszeit, ganz besonders aber an Weihnachten und Epiphanie zeigte der Schnabel des Vogels so tief nach unten, wie es überhaupt nur ging. Sprach man, mit großem Mut, unseren Professor darauf an, so pflegte er zu sagen: „Da haben sie sich Jahrhunderte darauf gefreut, und als er dann kam, da haben sie ihn nicht erkannt." Die Rede ist von meinem Lehrer im Alten Testament. Er war konvertierter Jude und litt als Christ das Schicksal seines Volkes mit. Die rätselhaften Wege Gottes mit seinem Volk Israel, das Jesus nicht als den gekommenen Messias zu erkennen und anzunehmen vermochte, wollten ihm nicht in den Kopf. Ja, „geschrieen" haben sie – der Text aus dem Jesaja-Buch verbürgt es. Haben sie sich „gefreut"? Haben sie nach dem Vater Jesu Christi gerufen? Sind sie erhört worden?

Sie haben gerufen und sich gefreut

Der Text führt uns in einen Gottesdienst einer Gemeinde im Volke Israel – aber nicht in Palästina, sondern in der Verbannung, irgendwo im Umkreis von Babylon. Vielleicht in einem geschlossenen Raum – aber ganz bestimmt nicht in einer prächtigen Synagoge –, vielleicht unter freiem Himmel. Der Text ist ein Psalm – Psalmen stehen ja nicht nur im „Buch der Psalmen". Die Stimmung ist nicht dazu angetan, den Schnabel des Holzvogels nach oben zu richten. „Du bist unser Vater", „unser Erlöser" – ja, das sagen sie mit Zuversicht. Aber es sind die einzigen tröstenden Worte. Das Übrige sind lauter Vorwürfe und Klagen: Du hast deine herrliche Wohnung im Himmel – aber wir? Wo bleibt dein Eifer, deine Macht? Warum hast du nicht aufgepaßt, als wir abirrten? Hast du dein Erbe vergessen? Warum haben die Gottlosen den Sieg davongetragen? Es ist ja, als hätte es dich nie gegeben! Bekannte Gefühle – auch bei uns!?

Hat man auch keinen Trost, so hat man doch Erwartungen, Hoffnungen, Wünsche. Gott soll kommen, soll „herabkommen". Was dann passieren wird, ist ja klar: Es gibt Erdbeben, Feuersbrunst, kochende Wasser – und die Völker werden erzittern, werden Wundertaten sehen und wissen: Die Getreuen Gottes haben doch recht behalten. Ist es auch kein Trost, so ist das alles doch möglich, nicht mehr ausgeschlossen. Die Beter beschränken sich nicht mehr darauf, nur zu sagen, was viele Fromme nach der Wegführung ins Exil gesagt haben: Wir haben gesündigt und leiden verdiente Strafe für unseren Abfall von Gott. Aus benachbarten Texten desselben – dritten – Jesaja-Buches (*Trito-Jesaja*) wissen wir: Hoffnung war zum Greifen nah. Schon treten Propheten auf und verkünden die nahe Heimkehr. Bald wird der Perser-König Kyros das Heimkehredikt erlassen. Sie haben nicht nur geklagt, sie haben sich auch gefreut – und die Ungeduld der Vorfreude mag ihnen die Vorwürfe und den Sturm der Bitten an den „Vater" in der „herrlichen Wohnung" eingegeben haben.

Sind sie erhört worden? Ja – aber ganz anders. Sie sind heimgekehrt – aber keine Berge erzitterten, keine Wundertaten beeindruckten die Völker – und die Heimkehr war auch keine feierliche Prozession über eingeebnete Täler und Hügel, wie andere Prophetentexte verheißen haben (vgl. Jes 40,3–5). Nein, es war die Heimkehr nur Weniger – manche andere hatten sich denn doch gut im fremden Land eingerichtet. Die Heimkehrer kamen in ein verwahrlostes Land, und bald mußten neue Propheten ihnen Mut in der schier übermächtigen Enttäuschung machen.

Das gilt für das Volk Israel. Die Christenheit liest in diesem Psalm einen versteckten Hinweis auf Jesus Christus, der „um unseres Heiles willen vom Himmel herabgestiegen ist“, und liest ihn darum in der Adventszeit. Wie steht es mit der Erhörung, wenn wir den „Schrei nach dem Vater“ auf die Sendung des Sohnes beziehen?

Keine heilige und herrliche Wohnung öffnete sich, als Gott das Schreien der Menschheit erhörte – vielmehr kam er in sein Eigentum, und die Seinen nahmen ihn nicht auf (Joh 1,11). Die Türen der Gasthäuser waren verschlossen, nur ein Stall ließ ihn eintreten, wenn wir der Weihnachtsgeschichte bei Lukas folgen.

Eifer und Macht Gottes, das „Beben in seinem Inneren“ machten sich nirgends bemerkbar – vielmehr war alles so unscheinbar, daß er sich gegen den Vorwurf der Anmaßung wehren mußte: „Wohl dem, der an mir keinen Anstoß nimmt“ (Mt 11,6).

Abirren von seinen Wegen, ja „Herzenshärte“ hat „der Vater“ mehr denn je zugelassen, als Jesus kam – ein Bündnis mit dem Obersten der Teufel hat man ihm unterstellen können, und seine Zuwendung zu den Sündern, Zöllnern und ausgegrenzten Frauen fand man skandalös, Gottes unwürdig.

Ein Heiligtum gab es wieder, aber nicht Gottlose hatten es „zertreten", sondern Geldwechsler und Händler – seine eigenen Glaubensgenossen mußte er aus dem Tempel vertreiben!

Daß sie nach seinem Namen genannt waren, wußten sie wieder viel zu gut – als er Gottes Willen gegen ihre „Herzenshärte" ebenso einschärfte, wie er sein Erbarmen ihnen anschaulich machte, haben sie ihn für einen Irrlehrer und Volksverführer gehalten.

Keine Berge erbebten – obwohl er sagte, der Glaube könne Berge versetzen. Und keine Völker erzitterten – vielmehr konnte man ihn ungestraft umbringen. Die „nie erwartete Tat", von der man „seit Menschengedenken ... nie vernommen", war – das Kreuz! Am Schluß hat er geschrieen: „Mein Gott, warum hast du mich verlassen?" – keine Rede davon, daß Gott „denen Gutes tut, die auf ihn hoffen".

So also ging es zu, als Gott, der Vater, wahr machte, was „von jeher" sein „Name" war: „Unser Erlöser."

Erhört? – Ja! Aber es war die totale Enttäuschung all dessen, was unser Herz, unsere Vernunft, ja was unser Glaube sich erwartet, wenn Gott zu unserem Heil handelt. Martin Luther würde sagen: Es ist Gottes Offenbarung „unter dem Gegensatz" – unter dem Gegenteil unserer Erwartungen.

Aber so ist es immer: Gott erhört unser Rufen – aber anders, als wir denken. Er enttäuscht unsere Hoffnungen und Sehnsüchte im gleichen Augenblick, wo er sie erhört und erfüllt. Noch genauer: Dies – uns in der Erhörung zu enttäuschen – ist gleichsam das Gesetz, die Spielregel des Handelns Gottes an uns, und im Leben und Geschick unseres Herrn Jesus Christus macht er das ein für allemal und unübersehbar anschaulich.

Sollen wir das nun auch noch für gut und heilsam halten? Ja, das sollen wir. Denn:

Tatsächlich ist es scheinbar eine tief entmutigende Enttäuschung, wie Gott in Jesus Christus uns nahegekommen ist und unsere Not wenden will.

Wir stehen nicht auf der Seite eines strahlenden Siegers, wenn wir an Jesus glauben. Wir stehen nicht einer Welt von Blamierten gegenüber, die verstört und deprimiert sagen: Seht da die Christen, sie sind im rechten Augenblick auf den richtigen Zug gesprungen! Nein, wir stehen bei einem, den niemand wirklich annehmen wollte. *Wir* stehen da als die Blamierten, die schon die alten Heiden, *vor* dem Siegeszug des Christentums, in Karikaturen verspotteten: Ein Esel am Kreuz, ein knieender Christ davor, Bildunterschrift: „Lukian betet seinen Gott an."

Und das schließlich siegende Christentum hatte für Jahrhunderte nichts Wichtigeres zu tun, als die Blamage in einen Triumph umzudeuten: Der *König* Christus am Kreuz – und die vielen kleinen und großen Könige in Kirche und christlichem Staat.

Aber das kann ja nur mühsam überdecken, daß Gottes enttäuschendes Handeln weitergeht. Denn auch alles Unheil dieser gequälten Erde geht weiter: die todbringende Herrschaft von Menschen über Menschen; die Verachtung derer, die sich nicht durchsetzen können, sondern schwach sind; der Hunger und die Not, in der ein Drittel der Menschheit um ihr Überleben kämpfen müssen, ja die Verfolgung von Menschen durch Menschen in der Meinung, Gott einen Dienst damit zu tun. Aller Anlaß besteht, wie damals zu schreien: „Es ist uns, als hättest du nie seit alter Zeit über uns geherrscht, als wären wir nie nach deinem Namen genannt worden."

Und doch ist es heilsam, wenn Gott uns so enttäuscht. Welchem Mächtigen könnten wir denn vertrauen, selbst wenn er vom Himmel her tätig würde, solange sein Interesse nicht ganz das unsere wäre und umgekehrt? Wie aber könnte das sein, wenn er nicht ganz bei uns steht, dort, wo wir die Not und die Niederlagen erfahren? Wie kann unser Interesse das seine sein, wenn er nicht ganz einer von uns wird? Niemand kann das von Gott einklagen – deshalb konnte Israel ja auch nicht darauf kommen, daß Gott sein Schreien *so* erhören würde. Aber nun ist die Nachricht in der Welt: In einem ganz von uns – nicht an den Höfen der Mächtigen, sondern in einem verachteten Winkel der Welt, wo keine große Geschichte geschrieben wurde –, da hat er sich mit uns ganz gemein gemacht. Er, der reich war, ist für uns arm geworden, der Herr wurde Knecht, der Herrscher wurde gehorsam, der ganz Gute wurde umgebracht.

Darum können wir ihm vertrauen, können ihm zutrauen, daß er uns genau kennt und darum wirklich helfen kann, daß wir frei werden, froh und erlöst.

Freilich hat das Konsequenzen. Nie wieder sollen wir auf einen Gott vertrauen, der die Berge erbeben und die Völker erzittern läßt. Nie wieder dürfen Christinnen und Christen mit einem solchen Gott drohen, weder den Kindern noch widerwilligen Erwachsenen. Und vor allem: Nie wieder dürfen Menschen meinen, sie hätten das Recht, über andere zu herrschen und ihnen ihren Willen aufzuzwingen, weil ja Gott auch so „von seiner herrlichen Wohnung aus" über die Menschen herrsche. Seit Gott in dem armen und gekreuzigten Jesus „unter uns sein Zelt aufgeschlagen hat" (so wörtlich Joh 1, 14), wissen wir, wie wir dran sind mit dem Willen Gottes über uns Menschen. Befreite Gleichheit, Geschwisterlichkeit, Dienst und notfalls auch Zurückstecken und Verzicht. *So* ist es die Wahrheit, wenn wir die Worte des alten Psalmbeters in den Mund nehmen und sagen: Der Schrei nach dem Vater ist erhört – Christus.

Verehren wir den falschen Gott? – Was Jesus wirklich wollte

Herbert Haag

Die Klagen wollen nicht verstummen: Was die Kirche lehre, sei etwas anderes, als was Jesus gelehrt habe, und was die Kirche tue, sei etwas anderes, als was Jesus getan habe. Diese Klagen sind in den Kirchen der Reformation ebenso laut wie in der katholischen Kirche. Wir dürfen sie nicht mit leichter Hand vom Tisch wischen. Zugleich wird gefordert, die Kirchen hätten sich gewissenhafter an das Evangelium zu halten. Sicher ist, daß die Lehre der Kirchen keine andere sein darf als die Lehre des Evangeliums. Daran entzündete sich vor mehr als vierhundert Jahren die Reformation, daß Luther – mit Recht – der katholischen Kirche vorwarf, sie sei vom wahren Evangelium abgewichen. Die Stimme der Kirche muß die gleiche sein wie die Stimme Jesu. Diese Stimme aber finden wir im Evangelium und nur im Evangelium.

Die Stimme Jesu im Evangelium

Das sieht sehr einfach aus, ist aber bei näherem Zusehen doch nicht so einfach. Denn es erhebt sich sogleich die weitere Frage: Wie weit können wir dem Evangelium Vertrauen schenken? Es muß uns zu denken geben, daß im Altertum heidnische und jüdische Schriftsteller ersten Ranges von Jesus von Nazaret kaum Notiz nehmen. Das ist schwer verständlich, wenn Jesus eine so wichtige Persönlichkeit war, daß sie die ganze Welt in Bewegung setzte. In Wirklichkeit erklärt sich das sehr leicht. Im *römischen* Weltreich war die Affaire mit Jesus eine absolut lokale Angelegenheit, und die Kreuzigung eines Aufständischen gehörte zum römischen Alltag. Daß die *jüdischen* Schriftsteller die Jesusgeschichte möglichst mit Stillschweigen übergingen, ist nur zu verständlich. Ein brennendes Interesse an der Person und an der Lehre Jesu konnten nur seine Jünger und Anhänger haben. Sie sind in diesem Fall freilich auch Partei. Weil sie von Jesus überzeugt waren, weil sie an Jesus glaubten, schrieben sie voller Begeisterung von ihm, um auch andere Menschen für ihn zu gewinnen. Ob er lehrt oder heilt, wandert oder sich auf einen einsamen Berg zurückzieht – alles ist ihnen wichtig. Das gibt ihrer Darstellung natürlich eine gewisse Einseitigkeit. Wer von einem Menschen erzählt, von dem er völlig eingenommen ist, von dem er schwärmt, ist in Gefahr, ihn zu idealisieren und nicht mehr objektiv zu bleiben. Haben wir das nicht auch im Evangelium zu befürchten?

Da ist zugleich eine Berichtigung anzubringen. Wir haben nicht *das* Evangelium, nicht *ein* Evangelium, wir haben *vier* Evangelien, benannt nach Matthäus, Markus, Lukas und Johannes. Sie wurden von verschiedenen Verfassern, zu verschiedenen Zeiten – zwischen den Jahren 70 und 100 unserer Zeitrechnung –, an verschiedenen Orten geschrieben und richteten sich an verschiedene Leserschaften. Daß sie trotzdem die Jesusgeschichte in ihrem wesentlichen Ablauf übereinstimmend wiedergeben, sichert ihnen ein hohes Maß an Objektivität und Zuverlässigkeit. In Einzelheiten freilich weichen ihre Darstellungen nicht unerheblich voneinander ab. Selbst wichtigste Jesusworte wie die Bergpredigt, das Vaterunser, die Abendmahlsworte Jesu über Brot und Wein geben sie in verschiedenen Fassungen wieder. Das ist auch nicht anders zu erwarten. Denn die Geschehnisse lagen ja 40 bis 70 Jahre zurück. Daß nach so langer Zeit eine exakte Wiedergabe nicht mehr möglich war, liegt auf der Hand. Wir müssen uns überdies bewußt sein, daß die Evangelisten die Ereignisse so niederschrieben, wie sie zu ihrer Zeit in den Kirchen gepredigt wurden. Was schließlich aufgeschrieben wurde, waren nicht nur die Gedanken Jesu, sondern auch die Gedanken der kirchlichen Prediger, die, wie wir wissen, nicht immer die besten sind. Die heutige Bibelwissenschaft spricht dann von „Gemeindebildung" und gibt sich viel Mühe, sorgfältig zu ermitteln, was in den Evangelien authentische Predigt Jesu und was spätere kirchliche Zutat, „Gemeindebildung", ist.

Dennoch sind heute die Zeiten endgültig vorbei, in denen bestritten wurde, daß dieser Jesus überhaupt je gelebt habe, und die ganze Jesusgeschichte in das Reich der Legende verwiesen wurde. Geburt und Tod Jesu werden in den Evangelien mit Gestalten der großen Weltgeschichte in Beziehung gebracht. Jesus wurde geboren unter der Herrschaft des römischen Kaisers Augustus; sie dauerte vom Jahre 27 vor bis 14 nach Beginn unserer Zeitrechnung. Er begann sein öffentliches Wirken im 15. Jahr des Kaisers Tiberius, des Nachfolgers des Augustus. Dieser herrschte über das römische Reich in den Jahren 14 bis 37. Das 15. Jahr des Kaisers Tiberius dürfte das Jahr 28 gewesen sein. Das Datum des Todes Jesu war sehr wahrscheinlich – ich kann das hier nicht im einzelnen begründen – der 7. April des Jahres 30.

Schwierigkeiten bereitet uns einzig das Geburtsjahr Jesu. Unter der Oberherrschaft des römischen Kaisers Augustus herrschte damals über Palästina der Vasallenkönig Herodes, zur Unterscheidung von anderen Trägern dieses Namens „Herodes der Große" oder – wohl richtiger – „der Ältere" genannt. Dieser Herrscher spielt in der Geburtsgeschichte Jesu eine große Rolle. Wir wissen aber, daß er im Jahre 4 vor Beginn unserer Zeitrechnung starb. Jesus muß demnach ein paar Jahre früher geboren sein, in den Jahren 8 bis 6 vor Beginn unserer

Zeitrechnung. Bei der Festlegung der traditionellen christlichen Zählweise wurde ein Fehler begangen, der heute nicht wieder gutzumachen ist. Jesus war bei seinem Tod 36 bis 38, möglicherweise sogar 40 Jahre alt.

Jesus wollte kein Religionsstifter sein

Jesus verbrachte sein ganzes Leben unauffällig in Nazaret, einem Dorf in Galiläa. Wir hören, sein Vater Josef sei Zimmermann gewesen, und so wird Jesus den gleichen Beruf ausgeübt haben. Im übrigen wissen wir über diese Zeit seines Lebens nichts. Das erste, was uns die Evangelien von seinem öffentlichen Auftreten berichten, ist, er habe sich im Jordan von Johannes taufen lassen. Johannes, eine prophetische Gestalt, setzte damals im jüdischen Volk eine gewaltige Bußbewegung in Gang. Er war überzeugt, daß Gottes Gericht bevorstehe und daß in diesem Gericht nur bestehen werde, wer sein Leben radikal ändere. Auch Jesus schloß sich dieser Bußbewegung an. Auch er hielt die herkömmliche Frömmigkeit für zu äußerlich und wollte es mit dem Willen Gottes gewissenhafter nehmen. Als er von Johannes die Taufe empfing, hatte er jedoch ein Erlebnis, das seinem Leben eine völlig neue Richtung gab. Das Markus-Evangelium beschreibt es so:

„Als Jesus aus dem Wasser stieg, sah er, daß der Himmel sich öffnete und der Geist wie eine Taube auf ihn herabkam. Und eine Stimme aus dem Himmel sprach: Du bist mein geliebter Sohn, an dir habe ich Gefallen gefunden" (Mk 1,10f).

Fast wörtlich gleich hatte Gott zu Männern im alten Israel gesprochen, um sie zu Propheten zu berufen, etwa zu Jeremia (Jer 1,4–10) und vor allem zum Zweiten Jesaja, dem Deuterojesaja (Jes 42,1). Jesus erkennt, daß er innerlich erneuert, nicht zu seinem stillen Leben in Nazaret zurückkehren, daß er vielmehr als Prophet auftreten, daß er als „der geliebte Sohn Gottes", das heißt Gott gehörend und von Gott beauftragt, das Wort Gottes ausrichten soll.

Als Prophet konnte Jesus nichts anderes wollen, als was die früheren Propheten gewollt hatten – ein Elija, ein Hosea, ein Amos, ein Jesaja, ein Jeremia, ein Ezechiel: die Menschen zur Reinheit des Glaubens und des Lebens anzuhalten, zu Gerechtigkeit und Wahrhaftigkeit. Nie konnte Jesus daran denken, die jüdische Religion durch eine neue Religion zu ersetzen oder gar eine Kirche zu gründen. *Jesus wollte kein Religionsstifter sein.* Der Glaube, den er predigt, ist der *jüdische* Glaube.

Freilich hatten sich im Verlauf der Jahrhunderte im Judentum mancherlei Vorstellungen, Gesetze und Bräuche eingeschlichen, die sich nicht auf die Propheten berufen konnten. Gegen alle diese Verunstaltungen die wahre Religion Israels wiederherzustellen sah Jesus als seine Aufgabe an. Im übrigen aber stand Jesus mit beiden Füßen auf dem Boden der *jüdischen* Religion. Er war durch und durch *Jude*. Deshalb können wir seine Predigt *nur* vom Hintergrund der damaligen jüdischen Vorstellungswelt her verstehen.

Das gilt zunächst von der *Glaubenslehre* Jesu, von seiner Dogmatik, wie wir heute sagen würden. Das Judentum kannte und kennt bis heute nur *ein* Dogma: die Einzigkeit und Alleinigkeit Gottes. „Höre, Israel – so lautet das jüdische Credo – *Jahwe, unser Gott, ist Jahwe allein*" (Dtn 6,4). Wer sich zu diesem Dogma bekannte, genügte dem jüdischen Glauben. Bei diesem einzigen Dogma ist auch Jesus verblieben, er hat kein weiteres Dogma verkündet. Demgegenüber wird der Katholik heute in seiner Kirche auf mindestens dreißig Dogmen verpflichtet, von der Jungfrauengeburt bis zur Unfehlbarkeit des Papstes.

Im Judentum ließ das einzige Dogma einen entsprechend weiten Raum für die Freiheit. Zur Zeit Jesu glaubten die *Pharisäer* an die Auferstehung der Toten, die *Sadduzäer* leugneten sie. Dennoch gingen beide in den gleichen Tempel, beteten und brachten im gleichen Tempel ihre Opfer dar. Keiner sprach dem anderen das wahre Judesein ab. Man male sich aus, was heute einem Theologen widerführe, der die Auferstehung bestritte, und wie schnell unsere Frommen bei einer ungewohnten Äußerung mit der Frage zur Stelle sind: Ist das noch katholisch?

Im Judentum der Jesuszeit gab es neben den *Pharisäern* und den *Sadduzäern* noch eine dritte Religionspartei: die *Essener*, die in Qumran, in der judäischen Wüste oberhalb des Toten Meeres, ihr auffälligstes Zentrum hatten. Sie gingen nicht zum Tempel, lehnten die dort waltende Priesterschaft ab und feierten ihr Paschamahl an einem anderen Datum und ohne Paschalamm, weil dieses im Tempel geschlachtet und geopfert werden mußte. Dennoch sprach auch ihnen niemand das Judesein ab.

Wir können nur staunen, welche Vielfalt in Glaube und Praxis im Judentum, zu dem sich Jesus bekannte, möglich war und wie wenig davon heute in seiner Kirche möglich ist. Bei allen unbestrittenen Fortschritten, die wir in der Ökumene erzielt haben, grenzen sich die Kirchen noch immer ängstlich gegeneinander ab. Richtiger als von *Kirchen* würden wir freilich von Kirchen*leitungen* sprechen. Denn die Kirchen werden ja in erster Linie von ihren Gläubigen gebildet. Die Gläubigen aber haben mit vielen Dingen überhaupt keine Probleme, die den Kirchenleitungen Probleme bereiten. Denken wir etwa an die eucharistische Gastfreundschaft. Die diesbezügliche Erklärung der Schweizer Bischöfe von 1986 und ihre restriktive Auffassung provozierte einen förmlichen Volksaufstand. Ähnliche Äußerungen des Unmuts waren auf der Augsburger Diözesansynode von 1990 angesichts der Position von Bischof Josef Stimpfel zu hören. Gelegentlich hat man den Eindruck, die Kirchen*leitungen* suchten krampfhaft immer noch etwas zu finden, worin man sich noch nicht einig ist. Wenn dabei immer wieder daran erinnert wird, daß es bei aller Gemeinsamkeit eben doch noch Lehrunterschiede gebe, dann wird der Glaube ganz einseitig als *Lehre* verstanden. Glaube aber ist mehr als Lehre. Glaube ist Lehre, Gottesdienst *und* Leben. Es kann deshalb in Gottesdienst und Leben Gemeinsamkeit praktiziert werden, selbst wenn in der Lehre Differenzen bestehen. So war es im damaligen Judentum, daran hielt sich auch Jesus.

So wie es für das alte Israel nur *ein* Dogma gab, so gab es letztlich auch nur *ein* Gebot. Die Glaubensformel „Jahwe, unser Gott, ist Jahwe allein" geht auf der Stelle in eine sittliche Forderung über: „Du sollst Jahwe, deinen Gott, *lieben* von ganzem Herzen, von ganzer Seele und mit aller deiner Kraft" (Dtn 6,4f).

Das heißt: Der *Glaube* steht nur dann auf festem Grund, wenn er zur *Liebe* wird. Schon für das alte Israel war dieses Gebot das eine, allumfassende Gebot. Freilich wissen wir alle um ein Doppelgebot der Liebe: der Gottesliebe und der Nächstenliebe. Als Jesus gefragt wird, welches das größte Gebot von allen sei, zitiert er den eben erwähnten Text „Du sollst den Herrn, deinen Gott, lieben …" im vollen Wortlaut. Dann aber fügt er hinzu: „Das zweite ist dieses: Du sollst deinen Nächsten lieben wie dich selbst" (Mk 12,28–31).

Viele Christen meinen, das Gebot der Nächstenliebe sei das Neue, das Jesus gebracht habe. In Wirklichkeit steht auch dieses Gebot im Alten Testament (Lev 19,18). Dort, in seiner Bibel, findet es Jesus. Wenn also Christen sich überheblich brüsten: *Wir* haben eben das Liebesgebot, so antworten die Juden: Erstens steht das Liebesgebot im Alten Testament, in unserer Bibel, und zweitens habt ihr Christen es 2000 Jahre lang reichlich schlecht gehalten.

Nur eines ist beim Umgang Jesu mit den beiden Geboten neu: Er nennt sie in *einem* Atem. Während sie im Alten Testament in ganz verschiedenen Textzusammenhängen stehen, das eine im 5., das andere im 3. Mosebuch, hat Jesus sie verschränkt und zu einer Einheit verschmolzen: Ohne Nächstenliebe ist unsere Gottesliebe eine Selbsttäuschung. Im übrigen aber steht Jesus auch im Liebesgebot ganz auf dem Boden der jüdischen Religion.

Freilich hatte Jesus auch Veranlassung, an der Religion seines Volkes manches zurechtzurücken, was sich schief entwickelt hatte. Solches kommt in jeder Religion vor, im Judentum nicht anders als später im Christentum. Die Juden kannten damals – und das ist bis heute nicht anders geworden – neben dem Liebesgebot 613 Gebote und Verbote. Für den einfachen Menschen war es von vornherein unmöglich, alle diese Vorschriften auch nur zu kennen, so wie sich ein heutiger Durchschnittsbürger schwerlich im ganzen Zivilgesetzbuch auskennt. In den Augen der jüdischen Religionsführer war das einfache Volk deshalb unwissend, es übertrat ständig das Gesetz und stellte eine verachtete Sündermasse dar. Zwar sind auch für Jesus alle Menschen Sünder, alle seine Jünger und Jüngerinnen läßt er täglich den Vater im Himmel bitten: „Vergib uns unsere Schuld“ (Mt 6,12). Aber Sünder sind sie nicht deshalb, weil sie eine kleinliche, von Menschen aufgestellte Vorschrift übertreten, sondern weil sie von ihrer *Freiheit* einen falschen Gebrauch gemacht haben.

3

Die Welt des Peter Plüsch

*

oder: Hindernisse und Wege, Gott zu erfahren

Die wehrlose Liebe

Johannes Bours

Es gibt eine Erfahrung, die manchem Christen schwer zu schaffen machen kann: daß Gott verschwindet. Offenbar geht in unserer wissenschaftlich-technischen Welt eine tiefe Veränderung des religiösen Bewußtseins vor sich. Gott verschwindet im Bewußtsein sehr vieler Menschen. Er verschwindet unter einer Woge von Gottvergessenheit und unter einer Woge von Agnostizismus.

Nun kann man aber den Glauben an Gott, das absolute Geheimnis, nur durchhalten, wenn man etwas von ihm *erfährt.* Man erfährt aber nur etwas von Gott – aus Gnade –, wenn man sich existentiell auf ihn einläßt. Und nun möchte ich es wagen zu sagen: Wir werden am ehesten etwas von Gott erfahren, wenn wir uns auf einem „Zug" im Wesen Gottes einlassen, der – so meine ich – heute deutlicher als zu anderen Zeiten hervortritt: die Wehrlosigkeit seiner Liebe.

Gott ist so unaufdringlich, so wehrlos in unserer Zeit, daß er verschwindet. Er kommt sozusagen nicht mehr vor. Man bemerkt ihn kaum noch. Die meisten Menschen unserer westlichen Welt leben so, als wäre er nicht da. Ein französischer Theologe hat jüngst gemeint, wir müßten uns mit einem gewissen Nutzlosigkeits-Status Gottes in unserer Zeit abfinden.

Erfahren *wir* Gott so, wie wir im Psalm 29 beten: „Der Herr zerschmettert die Zedern des Libanon, die Stimme des Herrn wirbelt Eichen empor"? Erfahren wir Gott so, wie wir im Mose-Lied (Ex 15) beten: „Der Herr ist ein Krieger, Rosse und Wagen wirft er ins Meer. Deine Rechte, Herr, zerschmettert den Feind; du strecktest deine Rechte aus, da verschlang sie die Erde ...“?

Diese Worte sind – in einem tieferen Verständnis – nicht ungültig geworden. Sie sind ein ursprünglicher, bildhafter Ausdruck für eine *Wirklichkeit* in Gott, nämlich, daß er der absolute Herr, der Allmächtige ist, Herr des Himmels und der Erde.

Und doch: Mir will scheinen, als gebe es so eine Art „Evolution“ in der Gottesoffenbarung, zumindest in der Weise des Verstehens der Gottesoffenbarung. Dieser Gott, der in den ältesten Psalmen noch beschrieben wird mit Bildern der Gottkönige von Ägypten und Babylon, dieser Gott, der Rosse und Wagen ins Meer schleudert, ist auch bei Jesus von Nazaret der Herr des Himmels und der Erde, der allmächtige Gott. Aber – und ich finde, dies ist das Bewegendste in der Religionsgeschichte überhaupt – dieser Gott ist bei Jesus Christus der, der seine Allmacht zur wehrlosen Liebe werden läßt. Dieser Gott Jesu Christi zeigt seine Macht darin, daß er als wehrlose Liebe der Rettende wird. Dieser Gott wird anschaubar in dem hilflosen Kind, das in der Krippe liegt. Dieser Gott wird anschaubar in dem Lamm, das zur Schlachtbank geführt wird und seinen Mund nicht auftut. Diese Ohnmacht der wehrlosen Liebe Gottes besiegt alles, besiegt den Tod. Es ist das abgründige Geheimnis Gottes, daß er, der Allmächtige, der absolute Herr, als *Liebe* retten will – und wahre Liebe ist wehrlos; aber ihre Wehrlosigkeit ist stärker als alles.

Die Wehrlosigkeit Gottes, ist das so etwas wie ich es in dem sehr weisen Buch des Laotse, im Tao-te-king, gefunden habe: Weich und Schwach überwindet Hart und Stark“? So, wie Wasser den Stein besiegt? Ich spreche nicht vom Weichen und Schwachen an sich, nicht von der Wehrlosigkeit an sich, sondern von der wehrlosen Liebe ...

Der Deus semper maior, der je größere Gott, wird in seiner Kenosis, seiner Entäußerung, zum Deus semper minor, zum je Geringeren. Er wird zum Kind. Er wird zu dem Gott, der heute gleichsam verschwindet, der wie unauffindbar wird, mit dem die Menschen machen, was sie wollen, die Theologen und die Atheisten, der Mann auf der Straße und die Medien auf allen Kanälen; zu dem Gott, der ohnmächtig in der Welt ist, der nicht mit seiner Allmacht von außen eingreift. Er wird zur wehrlosen Liebe, und sie ist stärker als alles, stärker als der Tod.

Woher weiß ich das? Ich sehe es am Mysterium des Kindes. Ich sehe es an Jesus Christus, dem Gekreuzigten, dem wehrlos-ohnmächtigen, welcher der Auferstandene ist, *der* Lebendige. Der Sieger über den Tod!

Man darf diese wehrlose Liebe nicht mißverstehen. Sie ist nichts Schwächliches, Weichliches, Kernloses. Was sie in Wahrheit ist, kann man allein an Jesus lernen, der mit großer Entschiedenheit auftritt, kompromißlos. Der das Schwert-Wort gesprochen hat: Ich bin nicht gekommen, um Frieden zu bringen, sondern das Schwert!" Der den Knecht des Hohenpriesters zur Rechenschaft zieht: „Warum schlägst du mich!" Der aber dann *in Freiheit* zuläßt, daß die Menschen mit ihm machen, was sie wollen. Gott ist der Allmächtige, aber seine Allmacht läuft gleichsam wie aus einem Gefäß aus, sich verströmend in der Gestalt der wehrlosen Liebe.

Sieht es auf der Welt und in der Geschichte so aus, als gelange die wehrlose Liebe Gottes an ihr Ziel? Als käme sie durch? Es ist, als würde sie geradezu verschüttet und zum Verschwinden gebracht unter einer Lawine von Vergeßlichkeit und Gewalt.

Und doch wartet sie darauf, in der Weise der wehrlosen Liebe, erkannt, aufgenommen zu werden. Sie sucht mit den Augen der Sehnsucht die Landschaft der Menschengeschichte ab, wo sich eine Tür, ein Herz auftut, damit sie eintreten kann und damit an dieser Stelle die

Verwandlung beginnen kann. Was Jesus von sich selber sagt, das sagt die wehrlose Liebe Gottes: Die Füchse haben ihre Höhlen, die Vögel ihre Nester, der Menschensohn hat nichts, wo er sein Haupt hinlegen kann! (Lk 9,58). Wo ist Raum für die wehrlose Liebe? Ist alles vollgestellt mit Haben, Macht, Angst, Enge?

Die wehrlose Liebe sucht den Ort, sucht das Herz, wo sie ankommen kann. „Ich sagte zu einem Volk, das meinen Namen nicht anrief: Hier bin ich, hier bin ich! Den ganzen Tag streckte ich meine Hände aus ... Ich wäre zu finden gewesen für die, die nicht nach mir suchten (Jes 65).

Aber er ruft mit leiser, wehrloser Stimme – „Du bist der Leiseste von allen“ (Rilke) –, so daß nur einer es wahrnehmen kann, der selber still geworden ist, „arm“ geworden ist, ein stilles Herz hat.

Gott in unserer Zeit: Dem wird etwas von Gott aufgehen, der weiß, daß ER die wehrlose Liebe ist.

Die Unfähigkeit zu staunen – oder: Die Welt des Peter Plüsch

Johannes B. Brantschen

Warum können denn so viele Zeitgenossen Gott nicht mehr *erfahren*? Weil sie nicht die richtigen Antennen ausgestreckt haben. Sie haben Antennen, mit denen sie ausgezeichnet technische und mathematische Informationen einfangen können. Sie können heute ganz hervorragend messen, sehen, greifen, planen, bauen; sie können die Welt verändern und leider auch verwüsten – aber sie können nicht mehr *staunen.* Und weil der praktische Atheist nicht mehr staunen kann, tritt Gott nicht mehr in seinen Gesichtskreis. Der Mensch mag seine technischen Antennen noch so genial vervollkommnen – es hilft ihm wenig, wenn es um das Geheimnis Gottes geht; denn Gott ist nicht *sichtbar*, auch nicht mit dem größten Teleskop und mit dem raffiniertesten Elektronenmikroskop. Gott ist nicht *meßbar*, auch nicht mit dem modernsten Seismometer. Um die Spuren Gottes in der Natur und der Welt zu entdecken, müßte der moderne Mensch seine technischen Antennen hinter sich lassen und wieder staunen lernen: staunen lernen über die Harmonie einer noch unzerstörten Berglandschaft, über das Wunder eines Schneekristalls, über das Lachen eines Kindes, über die Schönheit eines menschlichen Antlitzes. Erst wenn der Mensch wieder staunend an die Welt heranginge, vermöchte er Spuren des Schöpfers zu finden.

Nun wäre es allerdings töricht, die moderne Welt und ihre Technik verteufeln zu wollen. Die Technik hat uns den mühsamen Kampf ums tägliche Brot unendlich erleichtert, und dafür sollen wir dankbar sein. Doch ist die Gefahr heute groß, daß viele Menschen all das als unwirklich und nicht-existent betrachten, was sie mit ihren technischen Antennen nicht einzufangen vermögen. In diesem Punkt gleichen sie dem Maulwurf Peter Plüsch, von dem im Manfred-Kyber-Buch „Tiergeschichten und Märchen“ (Reinbek, S. 136–139) diese Geschichte erzählt wird: Als der Maulwurf Peter Plüsch, dessen Leben darin bestand, unter der Erde nach Engerlingen und Regenwürmern zu wühlen, eines Tages seine rosa Schnauze aus einem Erdhaufen emporstreckte, sahen seine winzigen Äuglein etwas Sonderbares: einen Grashüpfer, der im Grase saß und seinen Abendtau trank. Peter Plüsch besah sich das grüne Wunder von allen Seiten und sagte sich: „Das ist sicher etwas Leckeres zum Fressen, das muß ich meiner Familie zeigen“, und er wühlte sich eiligst zu einem seiner Gänge und rief: „Kommt schnell, draußen sitzt ein grüner Herr. Er sieht knusprig aus.“ Peter Plüsch, seine Frau Pauline Plüsch und die drei kleinen Plüschs wühlten aus Leibeskräften. Zuerst tauchte Peter Plüsch aus dem Erdboden auf, dann Frau Plüsch und nachher die drei kleinen Plüschs. „Los!“ schrie Peter Plüsch, und die Plüschs fuhren alle zusammen auf den knusprigen Grashüpfer los. Der aber sprang mit einem gewaltigen Satz über die Plüschs hinweg, so daß sie nichts mehr von ihm sahen, sondern mit den Nasen zusammenstießen. Peter Plüsch war wütend, und die kleinen Plüschs fragten: „Papa, wo ist der Grashüpfer geblieben?“ „Er ist in der Erde verschwunden“, schrie Peter Plüsch, „wo kann man denn sonst verschwinden, als in der Erde. Also los, wühlen, wühlen, wir müssen ihn finden!“ Inzwischen war es Nacht geworden, und die Plüschs wühlten immer noch; sie suchten nach dem verlorenen Grashüpfer. Die weise Kröte Sibylle Warzenreich aber, die das Ganze beobachtet hatte, rief: „Es gibt so viele, die in der Erde wühlen nach dem, was über der Erde ist. Das Wühlen nützt gar nichts, Herr Plüsch! Es sind zwei Reiche, eines in der Erde und eines über der Erde – und vielleicht sind es noch viel, viel mehr." Und dann seufzte sie und sah nach oben. Die Sterne gingen über ihr auf.

So ist das: der praktische Atheist kann sich, wie unser Maulwurf Peter Plüsch, nur ein Reich vorstellen – das, was er mit dem ihm eigenen Instrumentarium erfassen, messen, zählen, wägen kann. Alles andere bleibt seiner Erdenblindheit verschlossen.

Der nichtreligiöse Gott

Ladislaus Boros

In diesem Beitrag möchte ich eine Frage angehen, die sich schwer formulieren läßt, aber dennoch gerade für den heutigen Menschen von großer Wichtigkeit ist: Kann man an Gott glauben ohne religiöse Veranlagung? Oder klarer und entscheidender ausgedrückt: Ist das Christentum eine Religion? Um gleich meine eigene Antwort zu geben: Diese Frae entscheidet sich an der Definition des Wortes „Religion". Den Begriff Religion möchte ich folgendermaßen umschreiben: Ganzheitliche Ergriffenheit des Menschen von dem, was ihn unbedingt angeht. Was geht aber einen Menschen unbedingt an? Das kann vieles und Verschiedenartiges sein. Sicherlich nicht unbedingt Gott. Es gibt Menschen, die musikalisch unbegabt sind, von der Musik nichts verstehen. Ebenso gibt es auch Menschen, denen die Begabung für das Religiöse fehlt, die eines religiösen Zugangs zu Gott unfähig sind. Deshalb sind sie aber nicht von unserem Gott verstoßen, der ja auch sie erlöst hat. Es muß auch für diese Menschen (da die Erlösung für alle gilt) einen Zugang zu Gott geben. Es gibt einen Gott der Nichtreligiösen! Dies wäre meine persönliche Antwort auf die aufgeworfene Frage. Ähnlich wurde sie auch von einem bedeutenden protestantischen Theologen unseres Jahrhunderts, von Dietrich Bonhoeffer, beantwortet.

Dietrich Bonhoeffer wurde am 4. Februar 1906 in Breslau geboren. 1935 wurde er Direktor des Predigerseminars der Bekennenden Kirche in Finkenwalde. Als Widerstandskämpfer ist er am 9. April 1945 in Flossenbürg hingerichtet worden. Die Kirche, die nichtreligiöse Auslegung der Bibel und die Diesseitigkeit des Christentums stehen im Mittelpunkt seiner Theologie. Der heutige Christ dürfte wenige so zukunftsträchtige Bücher besitzen, wie die von Eberhard Bethge unter dem Titel „Widerstand und Ergebung“ herausgegebenen Gefängnisbriefe und Aufzeichnungen von Dietrich Bonhoeffer. Die intellektuelle Differenziertheit und Weltoffenheit seines Glaubenslebens erzeugten nicht Schwäche, sondern Hellsichtigkeit. Der gelehrte Theologe stellte sich in die Frontlinie, als er Kirche und Vaterland zugleich in tödlicher Gefahr sah. Bonhoeffers Tätigkeit gegen den Nationalsozialismus, vor allem sein Versuch, durch den Bischof von Chichester in der westlichen Welt Fürsprecher für den deutschen Widerstand zu gewinnen, gehören der Geschichte an. Am 5. April 1943 wurde er verhaftet. Nach der Verschleppung aus dem Gefängnis in der Berliner Prinz-Albrecht-Straße fand er im KZ Flossenbürg den Tod. Einem Elternhaus mit bester evangelisch-liberaler, humanistischer Tradition entstammend, in Berlin aufgewachsen, erlebte er in früher Jugend den radikalen Zusammenbruch dieser bürgerlichen Welt. Früh entschloß er sich, Theologie zu studieren, eigentlich im Widerspruch zu der eher skeptischen Einstellung der Familie.

Ihn auf unser Problem hin zu befragen, hieße, sein ganzes, umfangreiches Schaffen anzuführen. Statt dessen bringe ich hier einige, für mich besonders eindeutige Zitate. „Es sind nur noch einige ‚letzte Ritter‘ oder ein paar intellektuell Unredliche, bei denen wir ‚religiös‘ landen können. Sollten das etwa die wenigen Auserwählten sein? Sollen wir uns eifernd, piquiert oder entrüstet ausgerechnet auf diese zweifelhafte Gruppe von Menschen stürzen, um unsere Ware bei ihnen abzusetzen? Sollen wir ein paar Unglückliche in ihrer schwachen Stunde überfallen und sie sozusagen religiös vergewaltigen?“ – „Nicht der religiöse Akt macht den Christen aus, sondern das Teilnehmen am Leiden Gottes im weltlichen Leben.“ – „Die Religiosität des Menschen weist ihn in seiner Not an die Macht Gottes in der Welt. Die Bibel weist den Menschen an die Ohnmacht und das Leiden Gottes. Nur der leidende Gott kann helfen. Insofern kann man sagen, daß die Entwicklung zur Mündigkeit der Welt, durch die mit einer falschen Gottesvorstellung aufgeräumt wird, den Blick freimacht für den Gott der Bibel, der durch seine Ohnmacht in der Welt Macht und Raum gewinnt.“ – „Die Attacke der christlichen Apologetik auf die Mündigkeit der Welt halte ich erstens für sinnlos, zweitens für unvornehm, drittens für unchristlich. Sinnlos – weil sie mir wie der Versuch erscheint, einen zum Mann gewordenen Menschen in seine Pubertätszeit zurückzuversetzen, das heißt ihn von lauter Dingen abhängig zu machen, von denen er faktisch nicht mehr abhängig ist, ihn in Probleme hineinzustoßen, die für ihn faktisch nicht mehr Probleme sind. Unvornehm – weil hier ein Ausnutzen der Schwäche eines Menschen zu ihm fremden, von ihm nicht frei bejahten Zwecken versucht wird. Unchristlich – weil Christus mit einer bestimmten Stufe der Religiosität des Menschen, das heißt mit einem menschlichen Gesetz verwechselt wird.“

Nach Bonhoeffer ist also „Religion“ ein Mißverständnis des Glaubens, das den Glauben in den Bereich der Innerlichkeit und des Gewissens verlegt und damit das Umfassende des Glaubens verliert. Hinter all dem steht die Selbstmächtigkeit des Menschen, die den Glauben zerstört. Es widerspräche Bonhoeffers Absicht, hier in eine abstrakte Erörterung darüber einzutreten, ob der von ihm vorausgesetzte Religionsbegriff – den er übrigens nirgends eindeutig definiert hat (!) – berechtigt ist. Uns geht es vielmehr darum, zu bedenken, daß Bonhoeffer aus einer ganz bestimmten Situation heraus diesen

Begriff übernimmt und anwendet. Übrigens: Was „christlich" und was „weltlich" ist, steht bei Bonhoeffer nicht mehr von vornherein fest, sondern beides wird bei ihm in seiner Besonderheit und in seiner Einheit erst in der konkreten Verantwortung des Handelns aus der in Jesus Christus geschehenen Versöhnung erkannt.

Eines möchte ich hier mit aller Entschiedenheit klarstellen. Ich selber teile die Skepsis von Dietrich Bonhoeffer der „Religion" gegenüber keineswegs. Sie ist eine große und bewunderungswürdige Sache, eine vornehme Anstrengung des Menschen, sich unter den Anspruch eines Unbedingten zu stellen. Diese Bemühung sollten wir hochachten, ja sie in das Christentum integrieren. Obwohl also das Christentum von seinem Wesen her keine Religion ist, kann es zur Religion werden in seiner konkreten Vermenschlichung. Es geht also hier keineswegs darum, die Religion herabzuwürdigen, sondern nur, Klarheit zu schaffen.

Diese Klarheit besteht nun darin, daß jene Menschen, die einfach innerlich „nichtreligiös" sind, auch zu Gott finden können und auch an der Erlösung teilhaben. Daß auch solche Menschen sich befreit fühlen zu einem Gott,der sie liebhat und der das Kreuz auch für sie auf sich nahm. Mit einer solchen Einstellung könnten wir für viele Menschen Gutes tun. Auch für das Christentum erwächst aus einer solchen Unterscheidung ein Vorteil. Diesen Vorteil möchte ich nun vorsichtig darlegen.

Es gibt im konkreten Christentum Erscheinungen, die man mit Recht kritisieren kann, ja kritisieren soll. Es sind gerade jene Seiten, die dadurch entstanden sind, daß das Christliche sich zu sehr mit dem Religiösen identifiziert hat. Dies zu bedenken und dies klar und folgerichtig darzulegen, könnte das Christliche von vielen Schlacken befreien. Man soll mich richtig verstehen: Ich will die unübersehbare Schuld der Christenheit an vielen Ereignissen gar nicht abstreiten, sondern nur sagen, daß sie das

Wesen des Christentums gar nicht betrifft. Dieses Wesen ist Jesus Christus selber, der Glaube des Menschen an einen menschgewordenen Gott. Das ist christliche Frömmigkeit in unserer Welt.

4

Es ist viel zu laut

*

oder: Im Gebet der Stille spricht Gott zu sich selbst

Erfahrungen eines russischen Pilgers

Ladislaus Boros

Diesmal möchte ich über eine seltsame Art der Gotterfahrung berichten, über das aus den „Erzählungen eines russischen Pilgers“ bekannte „Jesusgebet“. Die „Erzählungen“ sind eine eindrucksvolle und geheimnishafte Schrift. Wer ihr Verfasser ist, ob es sich überhaupt um einen Erlebnisbericht handelt oder um eine literarische Fiktion, ist bis heute ungeklärt. Jedenfalls gibt es kein Dokument, das einen leichteren und anziehenderen Zugang zum sogenannten „Jesusgebet“ gewährt. In seiner schlichten Form besteht es in der steten Wiederholung des Jesusnamens, oder (schon mehr entfaltet) des Rufes „Herr Jesus, erbarme Dich meiner!“ Doch zuerst einige kurze Auszüge aus den „Erzählungen eines russischen Pilgers“.

„Wir betraten die Klause, und der Starez sagte folgendes: ‚Das unablässige innerliche Jesusgebet ist das ununterbrochene, unaufhörliche Anrufen des göttlichen Namens Jesu Christi mit den Lippen, mit dem Geist und mit dem Herzen, wobei man sich die ständige Anwesenheit Jesu vorstellt und ihn um sein Erbarmen bittet bei jeglichem Tun, allerorts, zu jeder Zeit, sogar im Schlaf. Es findet seinen Ausdruck in folgenden Worten: Herr Jesus, erbarme Dich meiner! Wenn sich nun einer an diese Anrufung gewöhnt, so wird er einen großen Trost erfahren und das Bedürfnis haben, immer dieses Gebet zu verrichten, derart, daß er ohne dieses Gebet gar nicht mehr leben kann, und es wird sich ganz von selber aus ihm lösen. Verstehst du nun, was das unablässige Gebet ist?’ –

Nachdem ich diese Unterweisung entgegengenommen hatte, verbrachte ich den ganzen Sommer unablässig im mündlichen Jesusgebet und war sehr ruhig. Geschah es am Tage, daß ich irgend jemanden traf, so erschienen mir alle ohne Ausnahme so lieb und nah, als wären sie meine Verwandten, wenn ich mich auch gar nicht mit ihnen abgab. Dann eines Tages, nachdem der Starez gestorben war, schloß ich die Augen, blickte mit dem Geist in mein Herz und wünschte, es mir vorstellen zu können. Ich horchte aufmerksam auf sein Schlagen. Von dieser Zeit an spürte ich bisweilen mannigfaltige Empfindungen in Herz und Geist. Mitunter war es so, daß ich ein beseligendes Beben im Herzen fühlte. Es war so voller Leichtigkeit, Freiheit und Trost, daß ich wie verwandelt war und vor Wonne zu vergehen glaubte." Diese Auszüge zeigen deutlich, worum es beim „Jesusgebet" geht.

Ich möchte aber noch ein paar Einzelheiten bemerken, die mir zum besseren Verständnis wichtig scheinen. Wir wissen, daß der Pilger, der da berichtet, ursprünglich kein religiöser Mann war. Erst durch das „Jesusgebet" gelangte er zur eigentlichen Gotterfahrung. Wie ist das möglich? Gehen wir dieser Frage behutsam nach. Wie kann ein Mensch, der nicht viel um Gott weiß, der vielleicht gegen Gottes Gebote gehandelt hat, durch das „Jesusgebet" zur Erfahrung Gottes gelangen?

Zuerst spreche ich von den Christen. Paulus behauptet in seinem Römerbrief, daß der Heilige Geist im Christen unaufhörlich betet. In dieser Offenbarung ist das ganze Wesen des christlichen Gebets begründet. Sie besagt, daß der Christ eine Innerlichkeit in sich trägt, in der sich der ewige Vorgang der Heiligen Dreifaltigkeit ereignet. Im Christen, in seinem Gebet, spricht Gott zu sich selbst. Deshalb kann und muß gesagt werden, daß das christliche Dasein in seiner tiefsten Wirklichkeit unaufhörlich betet. Christsein ist wesenhaft ein betendes Sein. Jedes ausdrückliche Beten des Christen ist nur ein Nachvollzug dieses seinshaften Betens unserer Wirklichkeit. Deshalb ist jedes christliche Gebet begnadet und kostbar. Selbst unser hilfloses Stammeln und unsere durch Zerstreuungen zersetzte Anstrengung. Das Gebet ist demnach etwas Fliegendes und Strömendes.

Daß dieses Urgebet der Seele wirklich in uns lebendig ist – und da wende ich mich auch an die Nichtchristen, oder an jene, die meinen, keine Christen mehr zu sein oder sein zu können –, erfahren wir oft nur als die Ruhelosigkeit des Herzens, die nirgends eine restlose Erfüllung zu finden vermag. Aus dem Menschendasein – sei es bezeichnet als christlich, katholisch oder heidnisch – steigt unaufhörlich ein Drang nach Gott empor. Dieser Drang bewirkt in uns oft ein Gefühl der Enttäuschung. Die heilige Theresia von Avila schrieb in ihrem „Weg zur Vollkommenheit“: „Ich kenne viele Menschen, die laut beten und die Gott, ohne daß sie es wissen, zur hohen Kontemplation erhebt.“

Nun, stellen wir uns noch einmal die Frage: „Wie ist es möglich, durch das Jesusgebet zur Erfahrung Gottes zu gelangen?“ Auf diese Frage möchte ich antworten: Weil dieses Gebet einfach das Bewußtwerden der Gegenwart des in uns betenden Gottes ist. Und da Gott das Weltall ständig aus sich hervorgehen läßt, es am Leben erhält und es mit seiner unendlichen Gegenwart erfüllt, wächst der Mensch bei diesem Gebet, vielleicht ohne es zu beabsichtigen, in die Dimensionen des Weltalls hinein. Ein Stehenbleiben und ein lautloses Sich-Öffnen sollte die Grundübung jeglichen Betens sein. Es sollte mühelos geschehen, unter den verschiedensten Umständen des täglichen Lebens. So mag dann unser Alltag zu einer einzigen empfundenen Nähe Gottes werden. Gott ist einfach da wie die Luft, die wir einatmen, wie das Licht, das die Gegenstände erhellt. Wer einen Versuch mit dieser Gebetsübung macht, wird bald erfahren, daß er keine Anleitung mehr zum Beten braucht. Das Gebet rumpelt dann nicht mehr wie ein polterndes Lastfuhrwerk daher. Plötzlich ist man zum wirklichen Beten vorgestoßen, das leicht ist und schön.

Gerade dieses lautlose Stehen vor Gott entfaltet sich im „Jesusgebet“ zum einfachen Sagen. Doch müßte man auf etwas achtgeben: Beim mündlichen Gebet kommt es nicht darauf an, eine vollendete und kunstvolle Sprache zu gebrauchen. Das Ausgesagte ist immer ärmer als das Empfundene. Eine kunstvolle Sprache ist nicht nur nicht notwendig, sondern oft störend und vielleicht ein Zeichen dafür, daß der Mensch in das mündliche Beten nicht richtig, das heißt, nicht vom wesentlichen Gebet her hineinwuchs.

Meine Leser werden mich jetzt sicherlich entschuldigen, wenn ich am Ende zu jenen spreche, die nicht an Jesus und vielleicht auch nicht an Gott glauben. Ist eine Erfahrung Gottes auch für sie auf dieser Ebene möglich? Ich würde unbedingt „Ja“ sagen. Es ist gar nicht notwendig, daß ein Mensch jenes Große, das ihn unbedingt angeht, als Gott bezeichnet. Bischof Robinson hat sogar vorgeschlagen, den Namen „Gott“ eine Zeitlang aus den Wörterbüchern zu streichen. Ich bin nicht einverstanden mit ihm, kann aber sein Anliegen verstehen, nachdem mit Gottes Namen so viel Leerlauf getrieben worden ist.

Der christliche Gott ist ein Gott der Geschichte. Er schafft Geschichte und ist in ihr ständig anwesend. Vielleicht haben die Priester ihn, der größer ist, als wir es denken können, oft in Kategorien eingefangen, gegen die wir uns auflehnen. Das mag sein, und es war oft der Fall. Es handelt sich hier jedoch nicht um unser eigenes Lebensschicksal. Wenn Ihr, liebe Freunde, die Ihr nicht an Christus, und vielleicht nicht an Gott glaubt, nur dieses eine aussprecht: „Du jenes Wesen, das mich unbedingt angeht, erbarme Dich meiner“, dann habt Ihr das Wichtigste Eures Lebens geschafft. Es ist ohne Bedeutung, wie Ihr, die Ihr nicht glaubt, dieses Du benennt.

Von meiner christlichen Überzeugung her bin ich gewiß, daß Ihr meinen Gott, den Gott Jesu Christi, meint, selbst wenn Ihr gegen ihn ankämpft. Nur eines ist wichtig in unserem Leben, die Ehrlichkeit.

Das Stillschweigen

Anthony de Mello

Wenige Dinge fördern das Gespräch mit Christus so sehr wie das Stillschweigen. Das Schweigen, das ich hier meine, ist natürlich das innere Schweigen des Herzens, ohne das man die Stimme Christi einfach nicht vernehmen kann. Es ist für viele sehr schwer, dieses innere Schweigen zu verwirklichen: Schließen Sie einmal für einen Augenblick die Augen, und achten Sie einmal auf das, was in Ihnen vorgeht. Man darf wohl annehmen, daß Sie von Gedankenwogen überflutet werden, denen Sie sich nicht entgegenstemmen können – Sprechen, Sprechen, Sprechen (das ist es nämlich, was Denken gemeinhin ist: Selbstgespräch) –, Lärm, Lärm, Lärm: meine innere Stimme im Wettstreit mit den Stimmen und Bildern anderer, die durch ihr Geschrei meine Aufmerksamkeit auf sich lenken wollen. Welche Chancen hat die leise Stimme Gottes da noch in all diesem Krach und Betrieb?

Das äußere Schweigen ist eine große Hilfe zur Verwirklichung des inneren Schweigens. Wenn Sie es nicht fertigbringen, das äußere Schweigen zu wahren, d.h., wenn es Ihnen unerträglich ist, den Mund zu halten, wie wollen Sie dann das Schweigen im Innern aushalten? Wie wollen Sie Ihren inneren Mund halten? Schweigen aushalten zu können, ist ein recht gutes Merkmal für geistliche (und sogar geistige und emotionale) Tiefe. Es ist möglich, daß der Lärm in Ihrem Innern noch lauter, daß Ihre Zerfahrenheit noch größer wird, und Sie noch unfähiger werden, zu beten. Das liegt nicht am Schweigen.

Der Lärm war schon immer da. Das Schweigen hebt ihn nur in Ihr Bewußtsein und gibt Ihnen die Chance, ihn zu dämpfen und seiner Herr zu werden.

Jesus heißt uns, die Tür zu schließen, wenn wir beten wollen. Wir schließen offensichtlich die übrige Welt nicht aus unserem Herzen aus, denn wir pflegen ihre Anliegen in unser Beten einzuschließen. Doch die Tür muß fest verschlossen sein, wenn der Lärm der Welt nicht hereinkommen und die Stimme Gottes ersticken soll, zumal in den Anfangsstadien, wenn uns die Konzentration Mühe macht. Der Anfänger im Gebet braucht nicht weniger Konzentration als ein Anfänger in der Mathematik, der keine schwierige Aufgabe lösen kann, wenn großer Lärm um ihn herum ablenkt. Es kommt die Zeit, da der Gebetsschüler wie der Mathematikschüler so sehr von seiner Materie gepackt wird, daß kein noch so großer Lärm seinen Geist von dem ablenken kann, was ihn beschäftigt. Doch in den Anfangsstadien sollte er demütig sein und zugeben, daß er Ruhe und Stillschweigen braucht.

Worte der Heiligen zum Stillschweigen

Viele Heilige priesen das Stillschweigen mit beredten Worten. In einem Buch von Thomas Merton stieß ich auf zwei schöne Zitate. Das eine stammt von Isaak von Ninive, einem syrischen Mönch. Was er sagt, trifft ebenso auf den Einsiedler in der Wüste zu wie auf den Apostel im Herzen der modernen Großstadt. „Viele sind dauernd auf der Suche“, sagte er, „doch nur diejenigen finden, die dauernd im Schweigen verharren ... Jeder, der im Wortgeklingel schwelgt, ist, mag er auch Wunderbares sagen, in seinem Innern leer. Liebst du die Wahrheit, liebe das Schweigen. Das Schweigen wird dich wie das Sonnenlicht in Gott erleuchten und dich von den Trugbildern der Unwissenheit befreien. Das Schweigen wird dich mit Gott selbst vereinen ... Liebe das Schweigen über alles: es bringt dir eine Frucht, die keine Zunge beschreiben kann. Anfangs müssen wir uns zum Stillschweigen zwingen. Dann aber wird etwas geboren, das uns zum Stillschweigen hinzieht. Möge Gott dich dieses ‚Etwas' verkosten lassen, das aus dem Schweigen geboren wird. Übe dich doch darin, so wird dir ein unsägliches Licht aufgehen ... nach einiger Zeit wird im Herzen dieser Übung eine gewisse Wonne geboren, und der Leib wird geradezu mit Gewalt dahin geführt, im Stillschweigen auszuharren."

Jedes Wort dieser Zeilen verdient eigens meditiert zu werden: Sie sprechen das Herz eines jeden an, der schon einmal praktisch erfahren hat, wie kostbar das Stillschweigen ist.

Das andere Zitat stammt von einem Wüstenvater, Ammonas, einem Jünger des heiligen Antonius: „Seht, meine Lieben, ich habe euch gezeigt, was das Schweigen vermag, wie gründlich es heilt, und wie es Gott ganz und gar wohlgefällig ist. Deshalb habe ich euch auch geschrieben, ihr möchtet euch in dem Werk stark erweisen, zu dem ihr euch verpflichtet habt, damit ihr erkennen könnt, daß durch das Stillschweigen Gottes Kraft in ihnen gewohnt hat, daß ihnen aufgrund des Stillschweigens Gottes Geheimnisse bekannt waren."

Isaak von Ninive spricht offenbar aus Erfahrung, wenn er sagt: „Anfangs müssen wir uns zum Stillschweigen *zwingen.*" Das Schweigen fällt uns anfangs nicht leicht. Wenn wir es zu halten versuchen, werden wir in uns starke Widerstände feststellen: Evelyn Underhill sagt uns in ihrem Buch „Mysticism", was wir durch die Überwindung dieser Widerstände gewinnen: „Das Selbst ist noch nicht vertraut mit der seltsamen Ebene des Schweigens, die denen recht bald vertraut wird, die sich auch nur in den bescheidensten Anfängen des kontemplativen Lebens versuchen; wo das Selbst von dem Einsins-Andere befreit wird, hört man nie die Stimmen der Welt und ereignen sich die großen Abenteuer des Geistes." Es sind tatsächlich Abenteuer. Sie werden erregende Entdeckungen machen, sobald Sie die anfängliche Langeweile und das Unbehagen durchgestanden haben, die das Schweigen mit sich bringt. Sie werden feststellen, daß das dunkle Schweigen in Wirklichkeit voll von himmlischem Licht und himmlischer Musik ist; was auf den ersten Blick Leere und Nichts zu sein schien, ist in Wirklichkeit von Gottes Gegenwart erfüllt, einer Gegenwart, die sich unmöglich beschreiben läßt, die aber sehr überzeugend in den Worten zusammengefaßt ist, mit denen Simone Weil zu sagen versucht, was sie empfand, wenn sie das Vaterunser betete: „Manchmal entreißen schon die allerersten Worte meinem Leib die Gedanken und versetzen ihn an einen Ort außerhalb des Weltraums, wo es weder eine Aussicht noch einen Aussichtspunkt gibt ... Zugleich herrscht dort ein Schweigen, das diese Unendlichkeit der Unendlichkeiten ganz und gar erfüllt, ein Schweigen, das keine Lautlosigkeit, sondern Gegenstand einer positiven Wahrnehmung ist, positiver als der eines Lautes. Geräusche erreichen mich, falls überhaupt vorhanden, erst, wenn ich das Schweigen durchquert habe."

Das Problem von Spannung und Rastlosigkeit

Viele Menschen unserer Tage können leider einfach nicht mehr stillsitzen. Sie sind so getrieben, daß sogar eine oder zwei Minuten Stillsitzen ihre Spannung noch zu steigern drohen. Und doch ist es für das Beten wichtig, daß wir stillhalten können. Es besteht natürlich kein Zweifel, daß man auch weiterbeten kann, wenn man in Bewegung ist, was ja auch oft geschieht. Normalerweise ist das aber kein tiefes Gebet. Sobald ein Augenblick tiefen Betens über den Menschen kommt, der da auf und ab marschiert, neigt er dazu, stehenzubleiben, als ob er sich in etwas verfangen habe, in etwas versunken sei. Es gibt wohl tiefe mystische Erlebnisse, die einen Menschen überkommen und in ihm den Wunsch wecken, zu hüpfen und zu tanzen und sich umherzutummeln; doch sind sie eher die Ausnahme als die Regel. Normalerweise verlangt tief-innerliches Beten, daß man stillhält – oder es bewirkt es. Daher rate ich nicht unbedingt dazu, beim Beten auf und ab zu marschieren. Versuchen Sie folgendes, wenn der Bewegungsdrang sehr groß ist:

Machen Sie sich den Drang, den Impuls, den Sie verspüren, bewußt. Achten Sie darauf, wie sich das physisch auf Ihren Körper, auf die Spannung, auf den Bereich, in dem Sie die Spannung empfinden, und auf den Widerstand, den Sie dem Drang und dem Impuls entgegensetzen, auswirkt. Wenn Sie nach ein paar Minuten noch nicht zur Ruhe gekommen sind, gehen Sie ganz langsam in Ihrem Zimmer auf und ab wie folgt: Setzen Sie das rechte Bein vor, und achten Sie genau darauf, wie sich die Bewegung anfühlt, wenn Ihr rechter Fuß angehoben wird, dann wie es sich anfühlt, wenn er vorgeschoben wird, wenn er wieder auf dem Boden steht und wenn das Körpergewicht sich auf ihn stützt. Dann machen Sie es mit dem linken Fuß ebenso. Vielleicht hilft es Ihnen, sich zu konzentrieren, wenn Sie innerlich den Vorgang so artikulieren: „Rechter Fuß hoch. Rechter Fuß voran. Rechter Fuß halt. Rechter Fuß fest … Linker Fuß hoch. Linker Fuß voran. Linker Fuß halt. Linker Fuß fest …“ Das wird Ihnen sehr helfen, Ihre körperlichen Spannungen und Ihren Zwang zur Bewegung zu dämpfen. Dann verharren Sie eine Weile in einer Stellung, und sehen Sie einmal, ob Sie sie lange genug beibehalten können, um zu beten.

Wenn Sie aber so gespannt und rastlos sind, daß nicht einmal dies hilft, rate ich Ihnen, in Ihrem Zimmer oder in einer stillen Gartenecke auf und ab zu gehen. Das nimmt vielleicht etwas von Ihrer Spannung. Achten Sie darauf, daß Ihre Augen beim Auf-und-ab-Schreiten nicht auch auf Wanderschaft gehen; es wäre der Ruin Ihrer Konzentration und Ihres Betens. Bedenken Sie aber, daß dies nur eine vorläufige Konzession an Ihre Rastlosigkeit ist, und versuchen Sie immer wieder, zu einer Ruhestellung zurückzukehren und Ihren Körper ans Stillhalten zu gewöhnen.

Noch etwas könnten Sie tun, wenn Sie sich einfach bewegen müssen. Beten Sie mit Ihrem Körper, wie ich es vorhin vorgeschlagen habe, bewegen Sie ihn in langsamen, ruhigen Gesten. Oder ändern Sie Ihre Haltung alle drei bis vier Minuten – jedoch ganz langsam und nicht ruckweise –, denken Sie an die Blütenblätter der aufblühenden Blume. Es kann sehr wohl sein, daß Sie nach einer Weile in einer dieser Haltungen verweilen, und dann braucht man nicht mehr zu wechseln.

Ich behaupte, der Mensch ist von Natur aus ein betendes Lebewesen. Wenn er den Lärm beruhigen könnte, den er in sich trägt, wenn man ihm helfen könnte, wieder zu sich zu kommen, würde in seinem Herzen spontan Gebet aufbrechen. Doch trägt der Mensch auch ein eingefleischtes Widerstreben gegen das Gebet in sich. Häufig nimmt er sich vor zu beten, wieder zu sich zu kommen, sich seinem Gott zu stellen, aber er verspürt einen Widerstand in sich – eine kaum vernehmliche Stimme, die ihn weglockt. Wie oft haben wir es nicht erlebt, daß wir, wenn wir uns über die Stimme hinweggesetzt und zum Gebet begeben haben, immer wieder versucht werden, es aufzugeben, aus der Kapelle oder dem Gebetsraum wegzulaufen, diese fremde Welt hinter uns zu lassen, in die wir uns da hineinwagen, und zu den vertrauten Szenen, Klängen und Beschäftigungen unserer täglichen

Routine in der Welt zurückzukehren, in der wir uns mehr zu Hause fühlen?

Das bringt mich zu meinem zweiten Argument gegen die „Bete-wenn-Du-den-Ruf-dazu-vernimmst"-Theorie. Ich habe eben gesagt, daß Gefährliche daran ist, daß man den Ruf von Mal zu Mal weniger vernimmt; Sie verlieren ihm gegenüber Ihre Feinfühligkeit. Es ist ein anderer Ruf, der Ruf vom Gebet weg, der Ihr Bewußtsein völlig besetzt hält. Der heilige Ignatius spricht in seinen „Geistlichen Übungen" von dieser Stimme, die uns vom Gebet weglockt, als einer Erfahrung, die jeder macht, der sich Gott und einem Leben des Gebetes schenken will. Es gibt, wie er sagt, Zeiten der Tröstung, in denen das Beten sehr leicht und eine große Freude ist. Aber dann kommen Zeiten der, wie er sie nennt, „Trostlosigkeit", in denen das Beten ungemein schwierig wird. Man verliert den Appetit auf das Gebet. Man kann sogar seiner überdrüssig werden. Wenn das passiert, sagt Ignatius, sollen wir, weit davon entfernt, aufzugeben und vom Gebet zu lassen, um in einer besseren Stimmung zu ihm zurückzukehren, darin einen Angriff des Bösen Feindes sehen und ihm tapfer widerstehen, indem wir (a) die dem Gebet eingeräumte Zeit nicht im geringsten beschneiden, (b) unseren Gebetsstundenplan in keiner Weise ändern und (c) sogar ein wenig Zeit zu der hinzugeben, die wir für das Gebet festgesetzt hatten. Dieser letzte Rat erweist sich auch psychologisch als sehr segensreich; denn wenn man weiß, daß man für die erstbeste Neigung, vom Gebet zu lassen, anfällig ist, zieht man sich wahrscheinlich, wenn auch unbewußt, mehr und mehr solche Neigungen zu; während diese Neigung, wenn man ihr energisch und mit zusätzlicher, dem Gebet gewidmeter Zeit entgegentritt, irgendwie dahin tendiert, zu verschwinden!

Die ganze Art und Weise, auf die Ignatius vorgeht, ist natürlich der Theorie, die ich hier widerlege, diametral entgegengesetzt. Und schon die Erfahrung wird Ihnen zeigen, wie weise und wie segensreich dieses Vorgehen ist. Wie oft haben Menschen mir erzählt, daß sie, durch ihr Gebet gezwungen, Zerstreuungen bekämpft, der Versuchung, aufzustehen und wegzugehen, widerstanden, die Stimme mit ihrer hartnäckigen Einflüsterung, sie verschwendeten ihre Zeit, überhört und ihre Entschlossenheit aufgeboten haben, die ganze Zeit festzubleiben, die sie für das Gebet vorgesehen hatten ..., und daß dann gegen Ende dieser Zeit ein völliger Umschwung eingetreten ist und sie von Licht, Gnade und der Liebe Gottes überflutet worden sind. Wären sie in der Annahme weggegangen, dies sei nicht ihr „kairós", so hätten sie all die Gnaden verpaßt, die Gott für sie als Siegespreis für ihr Ringen und ihre Treue beim Abschluß ihres Gebetes bereitgehalten hatte.

Das erinnert mich an einen Jesuiten, einen Seminaristen, dem eines Tages, als er ebenso handelte, eine tiefe Christuserfahrung zuteil wurde, eine Erfahrung, die entscheidenden Einfluß auf sein geistliches Leben hatte – er hat die Versuchung abgewehrt, dem Widerwillen und den Zerstreuungen nachzugeben und zu beten aufzuhören.

Eines Abends ging er in die Kapelle, um seine tägliche „Pflicht" zu erfüllen, dem Gebet eine volle Stunde zu schenken. Nach zehn Minuten begann er zu spüren, was er schon sehr oft, fast immer, gespürt hatte, wenn er zum Gebet ging – einen starken Drang, aufzustehen und wegzugehen. An diesem Tag hat er sich dem Drang widersetzt, nicht so sehr aus einem sehr geistlichen Grund als aus der rein praktischen Erwägung, daß er gerade zu dieser Zeit eigentlich nichts Besonderes zu tun habe und sie ebensogut in der Kapelle wie auf seinem Zimmer vertrödeln könnte. Er blieb also fest. Und zehn Minuten, bevor das Gebet zu Ende gehen sollte, ist es passiert. Christus ist auf eine Weise in sein Leben und in sein Bewußtsein getreten wie nie zuvor und hat sein Herz und sein ganzes

Sein mit dem Wissen um seine tröstende Gegenwart erfüllt.

Hier haben Sie einen Menschen, der tief dankbar dafür war, daß er nicht dem gefolgt ist, was er für seinen „Gebetsrhythmus“ hätte halten können. Und es gibt noch viel, viel mehr Menschen, die so sind wie er. Probieren Sie es einmal sechs Monate lang aus, und Sie werden sehen, ob es sich nicht auch bei Ihnen bewahrheitet.

Schließlich gibt es noch einen dritten Grund, den ich gegen die Gebetsrhythmus-Theorie geltend mache: Wenn jemand in seinem Gebetsleben schon fortgeschritten ist, gelangt er wahrscheinlich, um mit geistlichen Autoren zu sprechen, zum Gebet des Glaubens. Das ist eine Gebetsform, in der der Beter eigentlich keine spürbare Tröstung erfährt. Normalerweise hat er ein großes Verlangen nach dem Gebet, aber sobald er zum Beten geht, kommt er sich vor, als befinde er sich im Zustand einer Tabula rasa, als vertue er seine Zeit; und gewöhnlich ist er versucht, auf der Stelle mit Beten aufzuhören und es auf ein andermal aufzuschieben. Da ist es ungeheuer wichtig, daß er *nicht* zu beten aufhört, sondern in diesem Stadium weiter Zeit aufs Beten verwendet, wenn er auch meint, das sei Zeitverschwendung. Was da vorgeht, ist, obgleich er es vielleicht nicht einmal weiß, die allmähliche Umstellung auf einen Trost anderer Art, der im Augenblick nur Trockenheit zu sein scheint, und der schmerzhafte Prozeß, in dem sein inneres Auge Licht zu erkennen lernt, wo bei oberflächlichem Hinsehen nur Finsternis zu sein scheint. Mit anderen Worten: Er eignet sich in Sachen Gebet einen neuen Geschmack an. Wollte er der Bete-wenn-Du-den-Ruf-dazu-vernimmt-Theorie folgen, so bestünde die Gefahr, daß er überhaupt keinen Ruf zum Gebet vernähme oder, genauer gesagt, den Ruf vernähme, aber im gleichen Augenblick, in dem er dem Ruf folgte, jegliches Verlangen nach Gebet verlöre; und dann gibt er wahrscheinlich genau an dem Punkt auf, an dem er in der Kunst des Betens Fortschritte macht.

Es gäbe noch viel mehr zu den beiden letzten Gründen zu sagen, zur Notwendigkeit und zur Weisheit, mehr statt weniger zu beten, wenn wir uns in geistlicher Trostlosigkeit befinden, und generell zum Gebet des Glaubens, so daß ich mich hier damit begnügen muß, sie einfach als eine Art Widerlegung der Theorie anzuführen, die ich oben vorgetragen habe, und Sie auf eine eingehendere Behandlung dieser Themen an anderer Stelle zu vertrösten.

Doch auf einen Punkt, der in etwa mit dem Thema des Gebets des Glaubens zusammenhängt, möchte ich noch hinweisen: ein wirklich geistlicher Mensch verlangt sozusagen habituell danach zu beten. Er sehnt sich danach, von allem fern zu sein und im Schweigen Umgang mit Gott zu pflegen, in Verbindung zu treten mit dem Unendlichen, dem Ewigen, seinem Seinsgrund, der unser Vater ist, der Quell all unseres Lebens, unseres Heiles und unserer Kraft. Ich kenne keinen einzigen Heiligen, der nicht dauernd diesen Drang verspürte, diesen unwiderstehlichen Impuls, das sozusagen habituelle Verlangen nach dem Gebet. Nicht, daß sie dem Verlangen nachgegeben hätten! Nein, viele von ihnen waren viel zu sehr damit beschäftigt, das Werk zu verrichten, das Gott ihnen übertragen hatte, als daß sie die Zeit gehabt hätten, diesen Drang ganz zu stillen. Aber der Drang war von Dauer und hat in ihnen eine Art heiligere Spannung geschaffen, so daß sie, wenn sie beteten, das Verlangen empfanden, aufzubrechen und für Christus Großtaten zu verrichten, und wenn sie für Christus wirkten, das Verlangen, von allem fern und mit ihm allein zu sein.

Der heilige Paulus hat diese Spannung, wenn auch in anderem Zusammenhang, zum Ausdruck gebracht, als es ihm nicht um das Beten, sondern um sein Sterben und sein Weilen beim Herrn im Himmel ging. Er sagt den

Philippern: „Denn für mich ist Christus das Leben, und Sterben Gewinn. Wenn ich aber weiterleben soll, bedeutet das für mich furchtbare Arbeit. Was soll ich wählen? Ich weiß es nicht. Es zieht mich nach beiden Seiten: Ich sehne mich danach, aufzubrechen und bei Christus zu sein – um wieviel besser wäre das! Aber euretwegen ist es notwendiger, daß ich am Leben bleibe" (Phil 1,21–24).

Paulus ist ein äußerst aktiver Mensch gewesen, der ganz in Anspruch genommen war von seiner Arbeit und dem Leben seiner frühen Gemeinden; doch er hat diese Spannung zwischen der Fortsetzung seiner Arbeit für sie und dem Weilen, fern von ihnen, bei Christus empfunden.

Dasselbe könnte man von anderen sehr aktiven Männern sagen, wie Franz Xaver oder Jean Vianney, der sich ständig der Versuchung erwehren mußte, seine Pfarrei im Stich zu lassen und Einsiedler zu werden, um seine ganze Zeit mit Gott zu verbringen. Dieses starke Verlangen, fern und mit Gott allein zu sein, macht das ganze Leben und Wirken eines Apostels zum Gebet, und er ist ständig von einer Atmosphäre des Gebets umgeben und von ihr durchtränkt. Mahatma Gandhi pflegte es als seine Erfahrung hinzustellen, daß er tagelang leicht ohne einen einzigen Bissen Nahrung leben konnte, aber nicht für eine einzige Minute ohne Gebet. Wenn man ihm auch nur für eine Minute das Gebet nähme, so hat er gesagt, würde er bei dem Leben, das er führe, verrückt.

Vielleicht liegt hier der Grund dafür, daß wir selbst diesen dauernden Hunger nach dem Gebet nicht empfinden und daher Theorien zum Opfer fallen wie der, die ich oben zitiert habe: Wir führen nicht das radikale Leben, zu dem das Evangelium uns auffordert, und spüren daher auch nicht das ständige Bedürfnis nach der Nahrung, der Hilfe, der Energie und dem Leben, die nur das Gebet uns geben kann. Wir hungern nicht dauernd nach Gebet; wir spüren diesen Hunger deshalb so selten, weil wir so viele

Dinge haben, mit denen wir unseren Geist und unser Bewußtsein vollpacken: unsere weltlichen Interessen, Freuden und Verlangen, sogar unsere Probleme und Sorgen. Wir sind zu sehr von alldem erfüllt, um zu spüren, wie leer unser Herz ist und wie sehr wir Gottes bedürfen, damit er diese große Leere füllt.

Drei Wünsche

Anthony de Mello

Ich kenne eine schöne Geschichte von einem Mann, der Gott ständig mit allen möglichen Bitten in den Ohren lag. Eines Tages schaute ihn Gott an und sprach: „Mir reicht's. Drei Bitten und keine einzige mehr. Drei Wünsche werde ich dir erfüllen, und dann ist Schluß. Jetzt nenn mir deine drei Wünsche!" Der Mann war begeistert und sagte: „Alles, was ich will?" Und Gott erwiderte: „Ja, drei Bitten und keine einzige mehr."

Also begann der Mann: „Herr, du weißt, daß es mir peinlich ist, aber ich würde gerne meine Frau loswerden, weil sie dumm ist und immer ... Herr, du weiß schon. Es ist unerträglich! Ich kann einfach nicht mit ihr leben. Kannst du mich von ihr befreien?"

„In Ordnung", sagte Gott, „dein Wunsch sei erfüllt." Doch bald bekam der Mann Schuldgefühle, weil er sich so erleichtert fühlte. Aber er war glücklich und erleichtert und dachte: „Ich werde eine schönere Frau heiraten."

Als die Eltern und Freunde zum Begräbnis kamen und für die Verstorbene beteten, kam der Mann plötzlich zu sich und rief aus: „Mein Gott, ich hatte diese zauberhafte Frau und wußte sie nicht zu schätzen, als sie noch lebte." Da ging es ihm sehr schlecht, und er suchte Gott auf und bat: „Bringe sie wieder zum Leben, Herr." Gott erwiderte: „In Ordnung, dein zweiter Wunsch sei dir erfüllt."

So blieb ihm nur noch ein Wunsch. Er dachte: „Was soll ich mir nur wünschen?" und fragte seine Freunde um Rat. Einige meinten: „Wünsche dir Geld; wenn du Geld hast, kannst du alles haben, was du willst."

Andere hingegen: „Was nützt dir Geld, wenn du nicht gesund bist?“ Jemand meinte gar: „Was nützt dir Gesundheit, wenn du eines Tages stirbst? Wünsche dir Unsterblichkeit!“

Der Arme wußte schon nicht mehr, was er sich wirklich wünschen sollte, denn wieder andere sagten: „Was nützt dir Unsterblichkeit, wenn du niemanden hast, den du lieben kannst? Wünsche dir Liebe.“ Er dachte nach und dachte nach ... und konnte sich einfach nicht entscheiden, er wußte einfach nicht, was er wollte. Fünf Jahre lang, zehn Jahre lang ... Eines Tages sprach Gott: „Wann sagst du mir eigentlich deinen dritten Wunsch?“ Der Ärmste sagte: „Herr, ich bin völlig durcheinander, ich weiß nicht, was ich mir wünschen soll! Kannst du mir nicht sagen, was ich mir wünschen soll?“ Da mußte Gott lachen und sprach: „Also gut, ich sage dir, was du dir wünschen sollst. Wünsche dir, glücklich zu sein, was dir auch immer geschehen mag. Darin liegt das Geheimnis!“

5

Mehr als viele gute Worte

*

Symbole und Spuren unvergänglichen Lebens

Die sieben Sakramente

Dieter Emeis

Menschen teilen miteinander nicht nur Worte

Worte sind für uns Menschen sehr wichtig. In ihnen teilen wir uns mit. In ihnen erhalten wir von anderen Anteil an ihrem Leben. So entsteht und wächst Gemeinschaft unter Menschen. Wo Menschen keine Worte austauschen, bleiben sie nebeneinander.

Es gibt Worte, von denen wir leben. Worte der Zuwendung, des Mitleids und der Mitfreude schenken uns die lebensnotwendige Erfahrung, angenommen zu sein. Worte der Ermutigung und des Lobes zeigen uns, daß wir etwas können. Worte der Kritik helfen uns, unseren Weg zu finden. Worte der Hoffnung lassen uns aufbrechen in die Zukunft. Wo Menschen keine Worte empfangen, die sie stärken und nähren, können sie verhungern trotz voller Tische.

Wie wichtig Worte für den Menschen sind, sehen wir an Kindern. Wo mit ihnen nicht gesprochen wird, können sie sich nicht entwickeln. An Kindern sehen wir zugleich, daß Worte zusammengehören mit anderen Zeichen und Handlungen. Eltern sprechen nicht nur mit ihren Kindern. Sie geben ihnen ihre Nähe zu spüren. Sie nähren und pflegen sie. Sie trösten und beruhigen sie. Sie umgeben ihr Kind mit einem Klima der Geborgenheit. Oft entwicklen sie Handlungsabläufe, die sich wiederholen und in denen das Kind gleichsam Wohnung nehmen kann. So geben sie ihrem Kind ihre Liebe nicht nur durch Worte, sondern auch durch leibhaftige Nähe, durch eine Gestaltung seiner Welt, durch Handlungen.

Lebenslang brauchen wir Menschen nicht nur Worte, von denen wir leben können. Menschen, die miteinander vertraut sind, tauschen Zärtlichkeiten aus. Der direkte leibhaftige Kontakt mit anderen bleibt oft auf das Geben der Hände beschränkt. Gleichwohl haben wir durch eine ganze Welt der Blicke und Gesten Möglichkeiten der Gemeinschaft mit andern. Schon das Zusammenkommen ist Ausdruck der Gemeinschaft und dient ihr zugleich. Das gemeinsame Essen und Trinken zeigt Verbundenheit an und pflegt sie. Geschenke geben in der Gabe immer auch ein Zeichen. Besondere Ereignisse wie Geburten und Hochzeiten, wichtige Anfänge oder Abschiede, Gedenktage und Beerdigungen werden nicht nur sprachlich, sondern auch durch Zeichenhandlungen begangen.

Jesus – das Sakrament Gottes für uns

Gottes Wort ist für uns ganz wichtig. In ihm teilt Gott sich selbst den Menschen mit. Davon können und sollen wir leben. In seinem Wort erreicht uns der wirksame Wille unseres Gottes, daß – hier und heute beginnend – alles gut werden soll. Wo Menschen Gottes Wort aufnehmen und es leben, entsteht und wächst Gemeinschaft zwischen Gott und ihnen.

Gott blieb nicht nur beim Wort. Im Johannes-Evangelium heißt es: „Und das Wort ist Fleisch geworden und hat unter uns gewohnt“ (1,14). Dieser Satz spricht von dem Geheimnis, daß Gott in einem Menschen berührbar wurde und Menschen berührte. Er wurde sichtbar und konnte gesehen werden. Er wohnte bei den Menschen, war mit ihnen unterwegs, aß und trank mit ihnen. Dies tat er in seinem Sohn, der Mensch wurde. In ihm gab sich Gott so, wie es wohl in keinem Wort möglich ist. Und die Menschen nahmen ihn nicht auf. Daran litt und starb der

Sohn, um mit diesem Weg der Liebe doch noch alle und alles mit Gott zu versöhnen. Unter der Last der Sünde wurde sogar Jesus das Geheimnis seines Gottes dunkel. Dennoch starb er seinen Tod liebend in die Hände des Vaters. Dadurch wurde dieser Tod zum Weg ins Leben – für ihn und für uns.

Das Wort „Sakrament" klingt vielen Ohren fremd, ja fast technisch. Wir können auf das Wort nicht verzichten, weil es zur Geschichte unserer Kirche gehört. Wir können und müssen das Wort durch unser Verstehen gleichsam aufladen und erwärmen. Der erste Schritt dazu ist, daß wir den Menschen Jesus als das eigentliche Sakrament Gottes, als Zeichen seiner alles gutmachenden Liebe wahrnehmen und aufnehmen.

Die Kirche als Sakrament und ihre Sakramente

Der Auferstandene fand und findet Menschen, die ihn aufnehmen. In ihnen wirkt er durch seinen Geist. Durch das Zeugnis ihres Lebens und ihrer Worte sollen nun sie sichtbar machen, was der Wille Gottes auf unserer Erde ist und wie er beginnt, ihn zur Wirkung zu bringen. Die Gemeinschaft der Glaubenden – die Kirche – gibt es als Zeichen für die Welt. In unserer Zeit ist nach den Aussagen unseres letzten Konzils ihr wichtigster Auftrag, der Vereinigung der Menschen mit Gott und ihrer Einheit untereinander zu dienen. So soll die Kirche selber Sakrament sein und nicht nur Sakrament haben. Die Kirche ist z. B. in der Pflege der Kranken für diese ein wirksames Zeichen, daß Gott ihnen nahe ist. Die Kirche ist dadurch, daß sie in sich Menschen aus vielen Nationen als Schwestern und Brüder zusammenführt, ein Werkzeug Gottes bei der Sammlung der getrennten Völker zu einer versöhnten Menschheit. Durch Werke wie MISEREOR wirkt die Kirche als Sakrament für eine gerechtere Weltsozialpolitik. Bekennen müssen wir allerdings auch, daß wir als Kirche an unserer Sendung, Gottes Zeichen für die Welt zu sein, vielfältig versagen.

Im Laufe der Kirchengeschichte bildeten sich sieben Zeichenhandlungen als die Sakramente der Kirche heraus. Sie haben alle ihren Grund im Wirken Jesu. Sie stehen nicht einfach nebeneinander. Die Sakramente der Taufe, der Firmung und der Eucharistie nehmen Menschen in die Gemeinschaft der Kirche hinein, wobei die Eucharistie zugleich das Sakrament des Bleibens und Wachsens in der Christus- und Kirchengemeinschaft ist. Das Bußsakrament ist das Zeichen der Tauferneuerung. In der Krankensalbung führt die Kirche die Praxis Jesu fort, sich in besonderer Weise den Kranken zuzuwenden. Die Ehe von Christen ist ein Sakrament, weil in ihrer einzigartigen Treuebindung menschliche Liebe zum Zeichen der Liebe Gottes wird. Schließlich feiert die Kirche auch, wo Menschen das Amt übertragen bekommen und uns sowohl mit dem Ursprung der Kirche als auch mit den vielen mit uns lebenden Ortskirchen unserer Erde in Liebe verbinden.

Die Sakramente sind die hervorgehobenen, aber nicht die einzigen Zeichenhandlungen im Leben der Kirche. Auf vielfältige Weise kann das Gebet verbunden werden mit Segens- und Weihegesten. Häufig geschieht dies durch Handauflegungen, durch das Zeichen des Kreuzes und durch Besprengung mit geweihtem Wasser. Man nennt diese Handlungen wegen ihrer Verwandtschaft mit den Sakramenten auch Sakramentalien. Gesegnet werden vor allem Menschen. Viele Eltern segnen z. B. ihre Kinder am Abend. Christen, die einander wichtig sind, segnen sich gegenseitig bei Antritt einer Reise. Für die Übernahme eines Dienstes in der Gemeinschaft können Christen am Ende fürbittenden Gebetes gesegnet werden. Der Segen reicht tiefer als ein guter Wunsch. Er ruft Gottes helfende und beistehende Nähe herab. Wo auch Dinge wie z. B. Wohnungen, Geräte oder Nahrung gesegnet werden, zielen diese Handlungen immer auf die Menschen, für deren Leben die Dinge dasein sollen. Ähnliches gilt bei der Weihe von Gegenständen. Sie werden in Dienst genommen für die Begegnung von Menschen mit ihrem Gott. Viele Sakramentalien sind abhängig von familialer oder örtlicher Kultur. Solange sie nicht die Sakramente überwuchern, können sie die Ausdrucksmöglichkeiten des Glaubens bereichern.

Glaubende Begegnung

Wenn wir das, was uns Menschen verbindet, zum Ausdruck bringen, wird dadurch die Verbundenheit gestärkt und vertieft. Eine Versöhnung, die begangen wird, gewinnt dadurch an erneuernder Kraft. Wenn Eltern ihr Kind in einem Ritus zu Bett bringen, geben sie ihrer Beziehung zu ihrem Kind eine Gestalt, und dadurch bleibt diese Beziehung am Leben und wächst weiter. So können wir in eine Begegnung Offenheit, Vertrauen und Verbundenheit einbringen und erfahren zugleich, wie durch die Begegnung unsere Geschichte mit anderen weitergeht.

In unsere Begegnung mit Gott im Sakrament, bringen wir unseren Glauben an ihn zum Ausdruck. Uns muß anfanghaft in unseren Herzen aufgegangen sein, wie der lebendige Gott uns in Jesus sucht und gut an uns handeln will. Wir müssen Anteil am Glauben der Kirche empfangen haben, daß Jesus neu unter uns lebt und wirkt. Der Glaube läßt uns die Begegnung mit Jesus in seinem Wort und in den Zeichen seines Daseins bei uns suchen. Wir trauen ihm zu, daß er in der Kraft Gottes uns erneuern und heilen, uns vergeben und aufrichten, uns stärken und nähren, uns reinigen und erleuchten kann und will. Manchmal oder auch oft mag unser Glaube schwach und angefochten sein. Es genügt, wenn er uns dazu drängt, die Begegnung mit Jesus zu suchen.

In der Begegnung, die uns der Glaube suchen läßt, erfahren wir eine Stärkung unseres Glaubens. In sakramentalen Feiern bringen wir einerseits unseren Glauben zum Ausdruck; andererseits empfangen wir ihn darin als Geschenk Gottes. Das ereignet sich nicht in jeder Begegnung auf die gleiche Weise. Gott hat viele Möglichkeiten, dem Vertrauen, das wir ihm entgegenbringen, recht zu geben. Er hat Zeiten, in denen er uns seines Daseins bei uns gewiß macht. Er weiß, wann er die Augen unseres Herzens erleuchten muß. Er gibt die Begegnungen, die uns im Glauben an ihn und in der Hoffnung auf ihn leben lassen.

So geschieht mit uns in sakramentalen Handlungen ähnliches wie mit Menschen zur Zeit Jesu. Sie wurden angezogen davon, wie er von Gott sprach und mit den Menschen umging. So kamen sie zu ihm mit dem Glauben, daß er ihre Not sehen und ihnen helfen werde. Jesus nahm ihre Not an. Der Glaube, mit dem die Menschen zu ihm kamen, öffnete ihm den Weg, ihnen in ihrer Not zu helfen. So konnte der Glaube der Menschen wachsen zu der Einsicht, daß sie in Jesus wirklich von der neuen Nähe Gottes unter den Menschen berührt werden.

„Heilige" Kirche – für viele ein Ärgernis

Heinrich Fries

Ich könnte mir denken, daß beim Wort *heilige* Kirche viele Menschen noch mehr als bisher allergisch und emotional reagieren. Ihnen fallen Bücher ein, die schon vor Jahren Bestseller waren: „Kriminalgeschichte des Christentums" – „Gottes erste Diener" – „In Gottes Namen". Und wem das nicht genügt, dem bieten die Medien jeden Tag neuen Zündstoff. Also Grund genug, sich zu ärgern oder von einer Kirche mit solchen Belastungen ein für allemal Abschied zu nehmen.

Nun, der Gegensatz zwischen heiliger und sündiger Kirche ist schon im Neuen Testament programmiert. Das Beispiel des Petrus und das Modell der Gemeinde von Korinth haben dies höchst eindrucksvoll gezeigt. Und das Zweite Vatikanum greift diesen Gedanken in den bewegenden Worten auf: „Die Kirche umfaßt Sünder in ihrem Schoß. Sie ist zugleich heilig und stets der Reinigung bedürftig, und sie geht so immerfort den Weg der Buße und der Erneuerung."

Daraus folgt: Die Rede von Sünden der Kirche und von Sünden in der Kirche ist eine Aussage der Kirchen selbst. Und von sündigen Kirchen zu reden, ist keine Ungehörigkeit. Man kann auch nicht gut unterscheiden zwischen heiliger Kirche und Sündern in ihr. Denn die Kirche ist von diesen nicht zu trennen. Wenn die Kirche Volk Gottes konkret existiert, und wenn das Volk Gottes aus Menschen besteht, dann gehören Schwachheit, Versagen, Schuld dazu. Den Kirchenkritikern müßte man sagen: Wer von euch ohne Sünde ist, werfe den ersten Stein!

Die im Credo beanspruchte *heilige* Kirche verdankt sich ja überhaupt nicht den Menschen. Sie verdankt sich den Gaben Gottes, der allein heilig ist, an die Menschen, die als Volk Gottes seine Kirche, seine Gemeinde bilden. Heiligkeit sei die Vorbehaltenheit Gottes, sagte Romano Guardini. Die Kirche kann heilig genannt werden, weil Christus, der Heilige Gottes, in ihrer Mitte lebt und wirkt, weil Gottes Heiliger Geist auch auf krummen Linien gerade schreiben kann und schreibt, weil das Evangelium, weil das Wort Gottes, das Wort der Gnade und der Vergebung als das sichtbare Wort Gottes in den Sakramenten präsent ist und den Menschen zugewendet wird.

Das heißt: Die Kirche ist – und diese beiden Dimensionen müssen wir sehen – nach den Worten Luthers zugleich heilig *und* sündig. Diese Spannung ist im Glauben auszuhalten. Dieser Glaube verleiht die Fähigkeit, inmitten des Menschlichen und Allzumenschlichen die Kirche nicht zu verlassen, weil er einen Blick für die Dimension des in ihr lebendigen und Gott verdankten Heiligen hat; solcher Glaube wird andererseits nie den Blick für die sündige Kirche verlieren und nie eine Kirche der sogenannten Vollkommenen, der Reinen anstreben. In einer solchen Kirche hätten wir alle keinen Platz.

Wenn von heiliger Kirche die Rede ist, denkt man besonders auch an heilige Menschen, an Heilige in Menschengestalt. Auch hier ist ein Hinweis auf die Anfänge der Kirche wichtig. Ausgerechnet die zerstrittene Kirche in Korinth nennt Paulus „die Geheiligte." Diese Kirche kann heilig genannt werden, weil sie, wie Paulus sagt, überreich geworden ist an der Gnade Gottes und weil sie als heilige berufen ist. Auch hier kommt die heilige Kirche von der Gnade Gottes, die in den Menschen wirksam werden soll und auch, gewiß in sehr verschiedenem Maße, wirksam wurde.

Wenn von Menschen als Heiligen die Rede ist, dann ist nicht der über sie gemalte Heiligenschein maßgebend, sondern die im Menschen lebendig gewordene Form von Glaube, Hoffnung und Liebe. Dazu bedarf es keiner offiziellen Heiligsprechung, die heute ohnehin ein Vorgang mit manchen Problemen ist, zumal wenn als Kriterium mindestens ein sogenanntes Wunder vorausgesetzt wird. Heilig können die Menschen genannt werden, die in radikaler Weise die Nachfolge Jesu in ihrem Leben verwirklicht haben. Und wer könnte bestreiten, daß es solche Menschen gab und gibt: Franz von Assisi, Elisabeth von Thüringen, Thomas Morus und in unseren Tagen Dietrich Bonhoeffer, Edith Stein, Rupert Mayer, Maximilian Kolbe, Johannes XXIII., Mutter Teresa.

Heilige Menschen sind Zeugen und Vorbilder christlichen Glaubens und Lebens, sind der Verehrung würdig und eine Ermutigung für die Lebenden. Sie verstellen und verdunkeln nicht den Blick auf Jesus, sondern geben ihn frei. Die evangelischen Christen bekennen in ihrer wichtigsten Bekenntnisschrift, daß „man der Heiligen gedenken soll, auf daß wir unsern Glauben stärken, so wir sehen, wie ihnen Gnade widerfahren ist." Das Wort „Gemeinschaft der Heiligen" ist ein anderes Wort für Kirche und weist darauf hin, daß diese Gemeinschaft mit dem Tod kein Ende nimmt, sondern in einer neuen Weise begründet wird. Dies ist zugleich ein Hinweis auf die Universalität der Kirche in den Dimensionen von Raum und Zeit. Damit ist eine Umschreibung für das gegeben, was *katholisch* heißt und als Attribut der Kirche im Credo genannt wird.

Gottesglaube und Erwartung des ewigen Lebens

Heinrich Fries

Immerhin – es bleibt dabei, daß der Sinn für das ewige Leben im modernen Menschen, auch im Christen von heute, erstaunlich schwach geworden ist; Predigten über Himmel, Hölle und Fegfeuer wird man heute nur schwer zu hören bekommen. Fragen wir also noch einmal: Woher kommt das?

Ich glaube, es hat wesentlich zu tun mit unserem Bild von Gott und seinem Verhältnis zur Welt, das auch in diejenigen vom allgemeinen Bewußtsein her eingesickert ist, die durchaus Christen und gläubige Menschen sein wollen. Wir können uns kaum noch vorstellen, daß Gott wirklich in der Welt und am Menschen etwas tut, daß er selber handelndes Subjekt in der Geschichte ist. Das scheint uns mythisch und unaufgeklärt. Die Wunder des Neuen Testaments nicht als solche anzusehen, sondern auf zeitbedingte Vorstellungen zurückzuführen, ist heute ganz normal geworden; auch die Geburt Jesu aus der Jungfrau und die wirkliche Auferstehung Jesu, die seinen Leib der Verwesung entriß, werden bestenfalls als unerhebliche Randfragen abgetan: Es scheint so störend, daß Gott in biologische oder physikalische Vorgänge eingegriffen haben soll. Die einmal gemachte Welt ist fest in sich und in ihre Kausalvorgänge verschlossen, auch wenn das Weltbild der modernen Physik längst nicht mehr die endgültigen Gewißheiten kennt, auf die man im vorigen Jahrhundert glaubte pochen zu können. Das Geschehen in der Welt ist nur durch weltliche Faktoren erklärbar, so denken wir. Außer uns selber handelt niemand in ihr, und darum erwarten wir auch von niemandem etwas, außer von uns selbst, die wir uns freilich dann wieder ganz abhängig von den Gesetzen der Natur und der Geschichte wissen. Gott ist – wir sagten es schon – kein handelndes Subjekt in der Geschichte mehr, bestenfalls eine Hypothese am Rand.

Die Lähmung der Ewigkeitshoffnung ist also einfach die Kehrseite der Lähmung des Glaubens an den lebendigen Gott. Der Glaube an das ewige Leben ist nur die Anwendung des Glaubens an Gott auf unsere eigene Existenz. Er kann daher auch nur wieder lebendig werden, wenn wir eine neue Beziehung zu Gott finden – wenn wir Gott wieder als Handelnden in der Welt und in uns selbst zu verstehen lernen. „Ich erwarte die Auferstehung der Toten und das Leben der kommenden Welt" – dieser Satz ist nicht eine neben den Gottesglauben hingestellte weitere Glaubensforderung; er ist einfach die Entfaltung dessen, was es heißt, an Gott, den Vater, den Sohn und den Heiligen Geist zu glauben. Nicht durch die Analyse unserer eigenen Existenz, nicht durch das Schauen auf uns selber, auf unsere Hoffnungen und Bedürfnisse, entdecken wir das ewige Leben. Dem Menschen, der auf sich fixiert ist, entzieht sich das ewige Leben immer mehr. In der Zuwendung zu Gott zeigt es sich von selbst, daß der, den Gott angeschaut hat und den er liebt, an seiner Ewigkeit teilhat. Origenes hat diese Einsicht einmal sehr schön ausgedrückt, wenn er sagt, „daß jedes Wesen, das an jener ewigen Natur teilhat, selbst immerwährend besteht ..., damit die Ewigkeit der göttlichen Güte zum Ausdruck komme ..." Er fügt hinzu: „Schiene es nicht gottlos, anzunehmen, daß ein Geist, der gottesfähig ist, der Substanz nach zugrunde gehen könnte?"

Dieser innere Zusammenhang zwischen dem Gottesbild und den Vorstellungen vom Leben jenseits des Todes bestätigt sich, wenn wir auch nur einen kurzen Blick in die Religionsgeschichte hineinwerfen. Soweit wir in der menschlichen Geschichte blicken können, hat es kaum je die Vorstellung gegeben, daß mit dem Tod alles zu Ende sei. Irgendeine Idee von Gericht und Weiterleben ist praktisch überall anzutreffen. Aber wo die weltumspannende Macht des einzigen Gottes noch nicht gesehen wird, da bleibt auch das Bild vom anderen Leben undeutlich und vage. Es ist ein Sein im Nichtsein, eine schattenhafte Existenz, die in einer merkwürdigen Beziehung zur Welt der Lebenden gesehen wird. Auf der einen Seite brauchen die Geister im Schattenreich die Hilfe der noch Lebenden, um bestehen zu können; man muß sie nähren, für sie sorgen, um ihnen wenigstens eine zeitlich begrenzte Unsterblichkeit zu ermöglichen. Auf der anderen Seite sind sie aber als Geister zu Mächten geworden, die nun zur alles durchdringenden Geisterwelt gehören. Sie können Drohung oder auch Hilfe sein. Man fürchtet die Wiederkehr der Geister und sucht sich durch allerlei Riten vor ihnen zu schützen. Auf der anderen Seite sind es aber doch wieder gerade die Geister der Ahnen, die ihre Sippe behüten und die man verehrt, um sich ihrer Hilfe zu versichern. Der Ahnenkult ist ein Urphänomen im Zusammenleben der Stämme; er drückt ein Wissen um eine Gemeinschaft der Menschen aus, die auch durch den Tod nicht unterbrochen wird.

Die Reinkarnationslehre, die sich vor allem im asiatischen Raum entfaltet hat, muß man wohl als Versuch ansehen, das Rätsel der Ungerechtigkeit in dieser Welt auf eine nicht-theistische Weise zu erklären: In einer leidvollen Existenz wird früheres Unrecht gebüßt, und so zeigt sich hinter dem scheinbaren Unrecht einer Welt, in der es Übeltätern gut geht und in der Schuldlose leiden, die unerbittliche Gerechtigkeit, die alles sühnt und alles ins Lot bringt. Wo aber das ganze Dasein dieser Welt als Leid erfahren wird, reichen solche Wanderungen der

Seele nicht mehr aus: Das Ziel aller Reinigungen und Verwandlungen ist dann das Heraustreten aus den Fesseln der Vereinzelung, aus dem ganzen wirren Kreislauf des Seins, das Hinabsinken und Zurückkehren in die Uridentität, die Nichts und Alles zugleich ist.

Es ist gewiß kein Zufall, daß heute mit dem Verblassen des Glaubens an den lebendigen Gott alle diese archaischen Bilder zurückkehren, die freilich ihre Unschuld und ihre moralische Größe verloren haben. Reinkarnation, die heute wieder von vielen geglaubt wird, ist nicht mehr Vollzug einer geheimnisvollen Macht der Gerechtigkeit, sondern eher eine Art von Anwendung des Erhaltungsgesetzes: Die Energie Seele kann sich nicht einfach auflösen, aber sie braucht andere Verkörperungen.

Immerhin drückt sich im neuen Erscheinen solcher und anderer Vorstellungsmodelle das stille Wissen des Menschen darum aus, daß der Tod nicht das letzte Wort seines Daseins ist; dieses Wissen sucht sich andere und oft recht seltsame Wege, wo die Macht des liebenden Gottes, die uns nicht fallen läßt, aus dem Blick gerät. So zeichnet sich allmählich ab, was geschehen muß, damit wir wieder mit Überzeugung sagen können: Ich erwarte das ewige Leben. Wir müssen einfach des lebendigen Gottes und seiner Liebe neu innewerden. Dann wissen wir, daß diese Liebe, die ewig ist und die Macht ist, uns nicht fallen läßt. Aber bevor wir diesen Gedanken näher entfalten und dabei auch sehen, wie er die einzelnen Splitter der menschlichen Erwartungen aufnimmt, müssen wir uns noch einmal den Schwierigkeiten des modernen Menschen zuwenden, der wir selber sind.

Es gibt nämlich außer dem zentralen Grund, dem Absterben des Gottesbildes, auch noch weitere Gründe für unsere Schwierigkeiten mit der Auferstehungshoffnung. Zunächst einmal hindert uns an einer lebendigen

Erwartung des ewigen Lebens, daß wir uns nichts mehr darunter vorzustellen vermögen. In früheren Zeiten mag es noch verhältnismäßig einfach gewesen sein, sich den Himmel als einen Ort voller Schönheit, Freude und Frieden auszudenken. Aber das moderene Weltbild hat diese Vorstellungsstützen erbarmungslos weggenommen. Wo aber gar keine Vorstellung ist, verflüchtigt sich auch die Erwartung, weil menschliches Denken irgendeine Form von Anschaulichkeit braucht. Schließlich kommt dazu, daß uns ein ewiges Dahingehen unserer Existenz eigentlich nicht wünschbar vorkommt. Sie ist schon mühsam genug; aber auch wenn alles gut wäre, erscheint uns der Gedanke, der Endlosigkeit als Verdammung zur Langeweile, einfach als zu viel für den Menschen.

Demgegenüber müssen wir aber nun die Gegenfrage stellen: Erwarten wir uns also gar nichts mehr? Wenn es so wäre, dann hätte das Prinzip Hoffnung, das Ernst Bloch als Wesen des Marxismus hinstellte, nicht so viele Anhänger finden können; dann hätten sich nicht so viele Menschen dem Glauben an die politischen Utopien verschrieben. Ein Mensch, der gar nichts erwartet, kann auch nicht mehr leben. Die menschliche Existenz ist ihrem Wesen nach ausgespannt ins Größere hinein.

Aber was erwarten wir eigentlich? Die Urerwartung, die im Menschen steckt und die ihm gar nicht genommen werden kann, kann sich auf vielerlei Weise ausdrücken. Eine ihrer wesentlichen Gestalten ist, daß wir auf Gerechtigkeit warten. Wir können uns einfach nicht damit abfinden, daß immer die Starken recht haben und die Schwachen unterdrücken; wir können uns nicht damit abfinden, daß Unschuldige in oft so entsetzlicher Weise leiden müssen und daß Schuldigen alles Glück in der Welt in den Schoß zu fallen scheint. Das Verlangen nach Gerechtigkeit, das sich im Ringen der denkenden und leidenden Menschen aller Zeiten so gewaltig ausgedrückt hat, kann auch uns nicht genommen werden. Wir verlangen nach Gerechtigkeit; deshalb verlangen wir auch nach Wahrheit. Wir sehen, daß Lüge sich breitmacht, sich durchsetzt und daß es gar nicht möglich ist, gegen sie aufzukommen. Wir erwarten, daß es nicht so bleibe: daß der Wahrheit ihr Recht werde. Wir verlangen danach, daß das sinnlose Geschwätz, die Grausamkeit, das Elend aufhören; wir verlangen danach, daß das Dunkel der Mißverständnisse, die uns trennen, daß die Unfähigkeit des Liebens aufhöre und daß wirkliche Liebe möglich werde, die unsere ganze Existenz aus dem Kerker ihrer Einsamkeit befreit, sie öffnet in die anderen hinein, ins Unendliche hinein, ohne uns zu zerstören. Wir könnten auch sagen: Wir verlangen nach dem wahren Glück. Wir alle.

Eine Hoffnung, die ich ohne Gott nicht kenne

Dieter Emeis

Sehr viele Menschen, die mit mir leben, stellen sich die Frage nach Gott nicht oder nur sehr selten. Andere Fragen sind ihnen viel wichtiger und drängender. Wichtig ist ihnen zum Beispiel, ihren Platz in unserer Arbeitswelt zu finden. Die Arbeit soll ihnen möglichst etwas bedeuten, sie soll den Lebensunterhalt sichern, sie soll darüber hinaus Anteil geben an den vielen nützlichen und schönen Dingen unseres modernen Marktes, sie soll auch eine erholsame und anregende Gestaltung der Freizeit ermöglichen. Gesundheit ist für die meisten von größter Bedeutung. Sehr vielen ist eine verläßliche Partnerbeziehung wichtig, ein erfülltes Familienleben, ein Kreis von Freunden. Weil die kleine Lebenswelt des einzelnen von zahlreichen größeren Lebenszusammenhängen abhängig ist, sind viele auch daran interessiert, daß eine gute Politik gemacht wird: für einen gerechten sozialen Ausgleich, für innere und äußere Sicherheit, für eine gesunde Umwelt, für die Zukunft der Kinder. Da – zumindest auf den ersten Blick – nicht auszumachen ist, ob das alles mit Gott zu tun hat und welche Bedeutung bei alldem Gott haben kann oder soll, ist heute Gott für sehr viele nicht wichtig.

Mir würde es wahrscheinlich nicht anders gehen, wenn ich nicht Menschen, die an Gott glauben, begegnet wäre. Ihr Zeugnis weckte in mir Fragen und Sehnsüchte, die in Gesprächen, die wir Menschen sonst miteinander haben, unbesprochen bleiben. Ich entdeckte, daß mein Herz nicht genug damit hat, Tag für Tag und Jahr für Jahr einfach nur mehr oder minder glücklich oder unglücklich zu überleben. Ich begann, mich dem Gott, von dem man mir erzählte, mit meinem Verlangen nach Leben und Glück für mich und für alle Menschen anzuvertrauen. Wenn ich das tat, erfuhr ich in mir einen Halt und eine Hoffnung, die ich ohne Gott nicht kenne. Wenn ich mit anderen unseren Gott feierte, bekam unser Leben Licht und Farbe, die ihm sonst fehlen. Ich lernte, daß alle Menschen immer und überall mit diesem Gott zu tun haben. „In ihm leben wir, bewegen wir uns und sind wir“ (Apg 17,28). So wurde ich darauf aufmerksam, daß Gott auch in mir auf mich wartet – vor allem in meiner Sehnsucht, die bei nichts und niemandem ihre endgültige Ruhe findet. Ich muß auch zu mir kommen, um zu Gott zu kommen. Und wenn ich zu Gott komme, komme ich auch zu mir.

Ich lernte auch, daß mancher Mangel an Friede und Freude, an Güte und Geschwisterlichkeit, an Kraft und Leben unter uns Menschen darin begründet ist, daß wir nicht an Gott glauben. Nicht an Gott glauben meint nicht nur: ihn leugnen. Es meint auch: sich nicht auf ihn einlassen; ihn vergessen; sich ohne ihn einrichten; seine Hilfe nicht suchen. Ich muß zugestehen, daß ich nicht immer an Gott glaube. Wenn ich dennoch bekenne, daß ich an ihn glaube, dann meine ich allerdings viel mehr, als daß ich einige Sätze über ihn für wahr halte. Ich bekenne:

- Gott ist mir ganz wichtig geworden und soll mir immer wichtiger werden;
- ich verlasse mich auf seine gebende und helfende Nähe und will mich immer wieder seinen Händen übergeben – im Leben und im Tod;
- ich komme in Freude und Leid, in meiner Angst und Hoffnung zu ihm, um zu danken, zu klagen und zu bitten, und ich will immer wieder zu ihm kommen und gerade dann, wenn ich mich selbst nicht richtig verstehen oder annehmen kann;

– ich möchte mein Leben im Grunde vor ihm und mit ihm leben, auch wenn mich vieles davon ablenkt.

Wir Menschen leben mit der Gefahr, daß uns anderes als der wahre und lebendige Gott zu unserem „Gott" wird. Es können uns die Dinge, die wir haben und verbrauchen können, ganz wichtig werden. Wir können alles oder sogar Menschen dafür opfern, um möglichst weit nach „oben" zu kommen. Wir können unsere ganze Sicherheit von unserem Machen und unseren ganzen Trost bei Menschen suchen. Wir überfordern die Dinge, unsere Karriere, unsere Möglichkeiten und sogar die Liebe anderer Menschen, wenn wir von ihnen die ganze Antwort auf unser Verlangen nach Leben erwarten.

Wir können auch falsch von Gott denken. Es ist besser, an keinen Gott zu glauben, als an einen Gott, in dessen Namen Menschen unterdrückt oder Kriege geführt werden. Nicht erst in unserer Zeit erkennen wir, daß Religion falschen Interessen von Menschen dienstbar gemacht werden kann. Darum genügt es nicht, daß ich bekenne „Ich glaube an Gott". Erst unser ganzes Glaubensbekenntnis sagt, wer der wahre und lebendige Gott für uns ist und sein will.

Die Texte dieses Sonderbandes sind folgenden Büchern des Verlags Herder entnommen:

Boros, Ladislaus: Im Leben Gott erfahren – Berührungen, 1993.

Bosmans, Phil: Gott – nicht zu glauben – Vom Kern aller Lebensfreude. Aus d. Niederländischen v. Ulrich Schütz, ²1994.

Bours, Johannes: Daß wir den Himmel schauen – Spuren der Menschwerdung, 1994.

Brantschen, Johannes B.: Gott ist größer als unser Herz – Auf den Spuren seiner Zärtlichkeit, 1993.

Emeis, Dieter: Kleiner Katechismus – Glaube und Sakramente, 1995.

Fries, Heinrich: Glaube im Gegenwind unserer Zeit – Erfahrungen, Zweifel, Visionen, 1993.

Gaillot, Jacques: Ihr seid das Volk – Brief an meine Freunde in der Wüste, 1995.

Haag, Herbert: Den Christen die Freiheit – Erfahrungen und widerspenstige Hoffnungen, ²1995.

Hauser, Theresia, in: Frauen entdecken die Bibel. Hrsg. v. Karin Walter, 1993.

Mello, Anthony de: Von Gott berührt – Die Kraft des Gebetes. Aus dem Englischen v. Radbert Kohlhaas, ⁴1994.

Mello, Anthony de: Wo das Glück zu finden ist – Jahreslesebuch. Hrsg. v. Franz Johna, [3]1995.

Pesch, Otto Hermann: Christus in der Krippe – Der verborgene Sinn der Weihnacht, 1994.

Folgende Bücher des Verlags Herder zum Thema dieses Sonderbandes seien zur weiteren Lektüre empfohlen:

Adam, Adolf: Das Kirchenjahr mitfeiern – Seine Geschichte und seine Bedeutung nach der Liturgieerneuerung, 1995.

Aufrichtige Erzählungen eines russischen Pilgers – Die vollständige Ausgabe. Eingel. u. hrsg. v. Emmanuel Jungclaussen, ^{18}1990 (TB 1993).

Bahr, Hans Eckehart: Der verlorene Sohn oder die Ungerechtigkeit der Liebe – Das Gleichnis Jesu heute, 1993.

Balling, Adalbert Ludwig: Laßt uns die Liebe leise lernen, 1994.

Biesinger, Albert: Kinder nicht um Gott betrügen – Anstiftungen für Mütter und Väter, ^{4}1995.

Bosmans, Phil: Worte zum Menschsein. Ausgew., Vorw. u. aus d. Niederl. v. Ulrich Schütz, ^{12}1995.

Brantschen, Johannes B.: Warum läßt der gute Gott uns leiden? ^{2}1995.

Drewermann, Eugen: Zeiten der Liebe. Hrsg. u. eingel. v. Karin Walter, ^{6}1994.

Feldmann, Christian: Träume werden wahr – Menschen im Gegenwind unserer Zeit, 1995.

Gaillot, Jacques: Was für mich zählt, ist der Mensch. Aus dem Französ. v. Martina u. Walter Lech, ^{3}1991 (TB 1994).

Grün, Anselm/Schwarz, Andrea: Und alles lassen, weil er mich läßt. Lebenskultur aus dem Evangelium, 1995.

Hohn-Kemler, Ludger: Denn sie werden Trost finden – Die gute Botschaft der Bergpredigt, [2]1992.

Jaschke, Helmut: Der Heiler – Psychotherapie aus dem Neuen Testament, 1995.

Kleines Credo für Verunsicherte – Mit Beiträgen von Heinrich Fries/Walter Kasper/Hans Küng/Joseph Ratzinger u.a. Hrsg. v. Jürgen Hoeren/Norbert Kutschki, [2]1994.

Koch, Kurt: Das Credo der Christen – Für heute entschlüsselt, 1993.

Kuschel, Karl Josef: Lachen – Gottes und der Menschen Kunst, 1994.

Lorenz, Erika: Worte im Schweigen – Vom Wesen christlicher Kontemplation, 1993.

Martini, Carlo M.: Christus entgegengehen – Meditationen für jeden Tag. Jahreslesebuch, hrsg. v. August Berz, [4]1994.

Moser, Georg: Täglich Grund zur Hoffnung – Meditationen für jeden Tag. Jahreslesebuch, hrsg. v. Ulrich Schütz, [3]1993.

Nouwen, Henri J.: Du bist der geliebte Mensch – Religiöses Leben in einer säkularen Welt. Aus dem Engl. v. Bernardin Schellenberger, [4]1994.

Rahner, Karl: Grundkurs des Glaubens – Einführung in den Begriff des Christentums, [7]1995.

Rahner, Karl: Praxis des Glaubens – Geistliches Lesebuch. Eingel. u. hrsg. v. Karl Lehmann/Albert Raffelt, [3]1985.

Roger, Frère: Jeder Tag ein Heute Gottes – Ein Jahresbegleitbuch, 1992.

Rohr, Richard: Nicht die ewige Leier – Den Glauben neu zur Sprache gebracht. Aus d. Amerik. v. Bernardin Schellenberger, 1994.

Sölle, Dorothee: Leiden, 1993.

Stachel, Günter: Gebet, Meditation, Schweigen – Schritte spiritueller Praxis. Vollst. überarb. u. erg. Neuausgabe, 1993.

Vanier, Jean: Mein Jesus, 1994.

Werden unsere Kinder noch Christen sein? Mit Beiträgen von Albert Biesinger, Magdalena Bußmann, Hans Maier, Karl Heinz Schmitt, Norbert Scholl, hrsg. v. Jürgen Hoeren/Karl Heinz Schmitt, ²1995.

Wolff, Uwe: Gottesdämmerung – Auf den Spuren einer Sehnsucht, 1994.